国家示范性高职院校建设项目成果

生产现场优化管理

主　编　王小爱
副主编　刘　娟
参　编　魏　静
主　审　赵居礼

机 械 工 业 出 版 社

本书论述了5S管理的基本内涵和要求，共分为七个情景，主要内容有：生产现场诊断与评价、车间生产现场整理、车间生产现场整顿、车间生产现场清扫、车间生产现场清洁、车间生产现场标准化管理、车间生产现场优化管理。本书可读性强，理论实践紧密相结合，内容翔实而丰富，对现场操作具有指导意义。书中辅以生产现场实例和大量例题，以期引起学生浓厚的学习兴趣，体现了高职教育的特点。

本书可作为高等职业学院技能型人才培养的教材，也可以作为有关工程技术人员的参考用书。

图书在版编目（CIP）数据

生产现场优化管理/王小爱主编．—北京：机械工业出版社，2011.2（2021.7重印）

国家示范性高职院校建设项目成果

ISBN 978-7-111-33442-2

Ⅰ.①生…　Ⅱ.①王…　Ⅲ.①企业管理：生产管理-高等学校：技术学校-教材　Ⅳ.①F273

中国版本图书馆CIP数据核字（2011）第023137号

机械工业出版社（北京市百万庄大街22号　邮政编码100037）
策划编辑：郑　丹　王海峰
责任编辑：王英杰　郑　丹　王海峰　王丽滨
版式设计：张世琴　责任校对：李锦莉
封面设计：鞠　杨　责任印制：张　博
涿州市般润文化传播有限公司印刷
2021年7月第1版·第6次印刷
184mm×260mm·8.25印张·201千字
10 801—11 800册
标准书号：ISBN 978-7-111-33442-2
定价：29.80元

电话服务	网络服务
客服电话：010-88361066	机　工　官　网：www.cmpbook.com
010-88379833	机　工　官　博：weibo.com/cmp1952
010-68326294	金　书　网：www.golden-book.com
封底无防伪标均为盗版	机工教育服务网：www.cmpedu.com

前　言

5S 管理起源于日本，并在日本取得了巨大成功。而在当时，最先进行这方面研究的是从事制造业的质量管理专家。5S 管理作为生产现场管理的有效工具已经受到全球企业界广泛关注和认同。中国加入 WTO 后，跨国公司纷纷在中国建立了生产基地，工厂是制造型企业的重要组成部分，工厂管理的好坏直接影响着产品各项指标的完成。伴随着微利时代的到来，工厂管理在企业中扮演着愈加重要的角色！因此，引进先进的管理模式，对于提高我国企业的整体管理水平，增强我国企业国际竞争力有着十分重大而现实的意义。

本书论述了 5S 管理的基本内涵和要求。全书共分为七个情景：生产现场诊断与评价、车间生产现场整理、车间生产现场整顿、车间生产现场清扫、车间生产现场清洁、车间生产现场标准化管理、车间生产现场优化管理。本书可读性强，理论实践紧密相结合，内容翔实而丰富，对现场操作具有指导意义。书中辅以生产现场实例和大量例题，以期引起学生浓厚的学习兴趣，体现了高职教育的特点。

本书在编写过程中，参考和借鉴了一些管理专家的著作和部分企业的相关案例，主要参考文献列于书后，谨向其作者表示衷心的感谢。同时，在资料收集过程中，惠红梅老师给予了大力的支持和帮助，并提供了大量有价值的资料，特向她致以最诚挚的感谢。

本书由王小爱主编并负责全书统稿工作，由赵居礼教授主审。参加本书编写的人员有：王小爱（情景一和情景二）、刘娟（情景三、情景四和情景五）、魏静（情景六和情景七）。

由于作者水平有限，书中的错误或不妥之处在所难免，恳请广大读者给予指正。

编　者

目 录

情景一　生产现场诊断与评价

生产制造部门如何持续改善现场环境、持续减少浪费、降低成本、提高生产效率，提升产品品质成为衡量企业树立行业竞争优势的重要标准之一。作为生产部门的相关人员只有掌握并运用先进的现场管理技术，通过建立全员、全方位、全过程的责任成本管理体系，才能持续降低生产成本、提高产品品质、改善工作效率，最终为企业获取更多的利润。制造业生产现场管理是科学性、实用性、综合性非常强的管理工作。

【学习目标】

1. 知识目标

了解5S的起源，理解5S的含义、管理思路、推行目的，了解国内外5S的概况。能够制订活动程序、目标方针，成立推行组织，制定样板区。

2. 技能目标

正确理解现场管理与改善现场环境的含义——5S；推行5S之前应能做好各种前期准备；能够制定生产现场5S的检查表，对生产现场进行考核。

【知识准备】

一、5S绪论（资讯）

1. 5S的起源

5S管理起源于日本，是对生产现场管理的最基本的要求，也是为现场服务的管理工作。5S管理是研究人、物、现场三者关系的一种科学方法。研究的目的是为了规范安全生产、文明作业，提高产品质量和生产效率，规划物品及场所结合的方法及程序，是一种对物的特定管理方法。最先重视和进行这方面研究的是从事制造业的质量管理专家。20世纪四五十年代以前，日本制造的工业品因品质低劣，在欧美市场上只能摆在地摊上卖，面临着被市场淘汰的危机。为此，日本企业认识到只有提升产品质量，抢占国际市场，才能走出困境。这一时期，日本的质量管理专家纷纷从现场管理的角度提出了许多有利于提高产品质量的实质性做法。1955年，日本的5S宣传口号为“安全始于整理，终于整理、整顿”。当时只推行了前两个S，即整理和整顿，其目的仅仅是为了确保作业空间和安全生产，后因生产质量和品质控制的需要而又逐步提出了后3S，也就是清扫、清洁、素养，从而使5S的应用空间及适用范围进一步拓展。到了1986年，日本的5S著作陆续问世，从而对整个生产现场管理模式起到了冲击作用，并由此掀起了5S的热潮。

日本企业将5S活动作为工厂管理的基础，推行各种质量管理手法，使“二战”后产品质量得以迅速提高，从而奠定了经济强国的地位，而在日本最有名的就是丰田公司倡导推行的5S。由于5S对于塑造企业形象，降低生产成本，保证准时交货、安全生产、高度的标准化，创造令人心怡的工作场所等具有现场改善的巨大作用，逐渐被各国管理界所认同。随着世界经济的发展，5S现已成为工厂管理的一股新潮流。

2. 5S 的含义

所谓5S，是指对生产现场各生产要素（主要是物的要素）所处状态不断进行整理、整顿、清扫、清洁和提高素养的活动。由于整理（Seiri）、整顿（Seiton）、清扫（Seiso）、清洁（Seiketsu）和素养（Shitsuke）这5个词在日语的罗马拼音中第一个字母都是"S"，所以简称为5S。5S可以说是教育、启发、养成良好工作习惯，以获得高品质工作环境、工作成果的最有效的方法。总结5S的来历和含义见表1-1。

表1-1　5S的来历和含义

中　文	日语罗马拼音	英　文	典型例子
整理	Seiri	Organization	清除垃圾，长期不用的东西放入仓库
整顿	Seiton	Neatness	30s（秒）内找到要用的物品
清扫	Seiso	Cleaning	谁使用谁清洁（管理）
清洁	Seiketsu	Standardization	管理的公开化、透明化
素养	Shitsuke	Discipline and Training	严守标准、团队精神

（1）整理　指将生产现场中的任何物品区分为必要物品和不必要物品，要用的物品留下来，不用的物品清理掉。其目的是合理利用空间，打造清爽的生产现场。

（2）整顿　指把工作场所内需用的物品按照规定位置定量摆放整齐，并进行明确标示。其目的是营造整齐的生产现场，使生产现场一目了然，节省寻找物品的时间。

（3）清扫　指清除工作场所内的脏污，并防止脏污的发生，使工作场所保持干净。其目的是打造干净的生产现场。

（4）清洁　指贯彻"不要放置不用的物品、不要弄乱物品、不要弄脏生产现场"的"三不要"原则，将整理、整顿、清扫的做法制度化、规范化。其目的是通过制度、规范维持成果，使现场始终保持干净的状态。

（5）素养　指人人养成好习惯，依规定行事，培养积极进取精神，严格遵守企业推行的5S制度。其目的是提升员工素质，使之具有积极主动的态度。素养是5S中的一项独特要素，是5S的活动核心，没有人员素质的提高，各项活动就不能顺利开展，不能坚持。5S关系图如图所示。

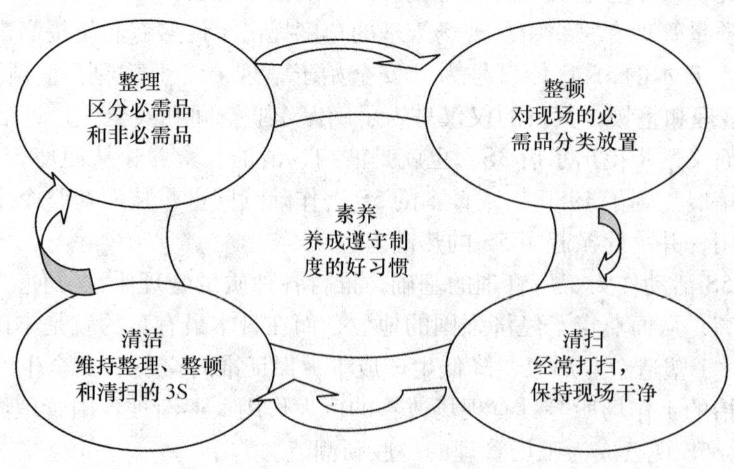

3. 5S 管理的思路

5S 管理的思路非常简单朴素，它围绕企业中每位员工的日常行为提出要求，提倡从小事做起，做每件事情都力求完美，使每位员工都养成良好的工作习惯，从而为员工创造一个干净、整洁、舒适的工作场所和空间环境。只要企业中每位员工每天按照 5S 的要求去做，工作质量就有保证，其最终结果将在改善生产环境、提高工作效率、确保生产质量、创建良好的企业文化和提升企业形象等方面起到非常显著的效果，从而达到增加顾客满意度与企业美誉度，提升企业综合竞争力的目的。5S 管理的思路如图所示。

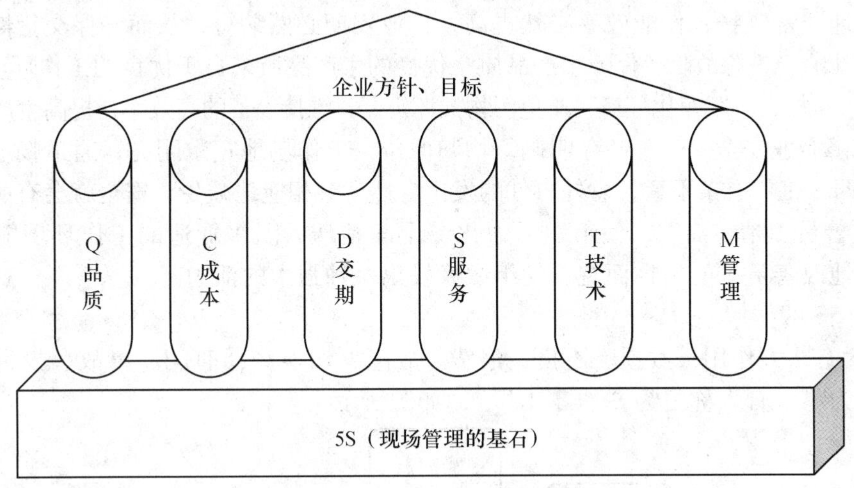

4. 推行 5S 的目的

通过推行 5S 可以使生产现场具有良好的工作环境、工作秩序、严明的工作纪律，从而提高工作效率及产品质量、减少浪费、节约物料成本和时间成本以及确保安全生产的基本要求。通常来说，推行 5S 管理可以实现如下目的。

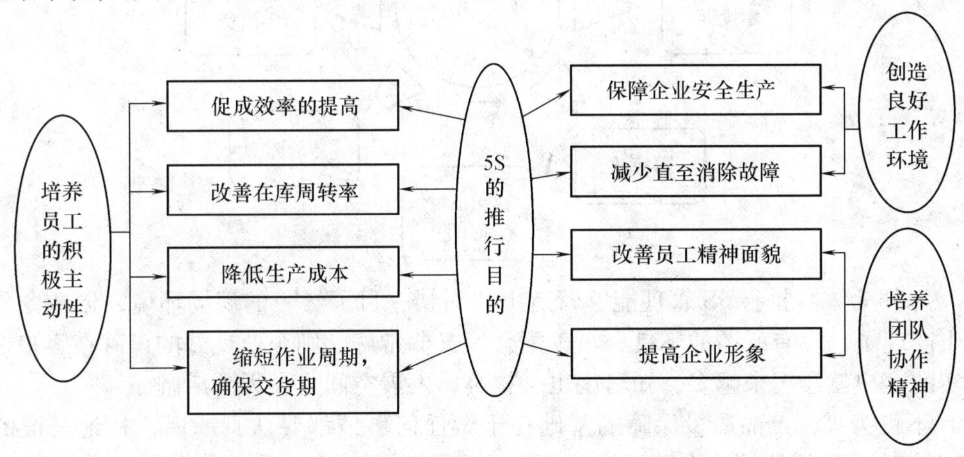

（1）改善和提高企业形象　推行 5S 管理，有助于企业形象的提升。整齐清洁的工作环境不但能使本企业员工的士气得到提升，而且还能吸引顾客，增加顾客的满意度；同时，由于口碑的相传，企业会成为其他公司的学习榜样，从而能大大提高企业的知名度。

（2）促成效率的提高　良好的工作环境和工作氛围、有素养的合作伙伴、摆放有序的物品，可以使员工集中精神工作，工作兴趣大，效率自然就会提高。

（3）改善零件在库周转率　整洁的工作环境，摆放有序、有效地保管和布局的物品，工序间物流通畅，可以极大地减少寻找所需物品的时间及所滞留的时间。因此，能有效地提高零件在库房中的周转率。

（4）降低生产成本　通过实施5S，可以减少人员、设备、场所、时间等的浪费，从而降低生产成本。

（5）缩短作业周期，确保交货期　通过推行整理、整顿、清洁、清扫4S来实现标准的管理，使企业的管理一目了然，使异常现象明显化，减少了人员、设备、时间的浪费，企业生产能相应地非常顺畅，作业效率必然提高，作业周期必然缩短，从而确保交货期。

（6）减少直至消除故障，保障生产品质　优良的生产品质来自于优良的工作环境。通过经常性的清扫、点检，不断净化环境，避免污物损坏机器，维持设备的高效率，提高生产品质。

（7）保障企业安全生产　储存明确，物归原位，工作场地宽敞明亮，通道畅通，地上不随便摆放东西，工厂有条不紊，意外事件的发生自然就会相应地减少，安全就会有所保障。

（8）改善员工精神面貌，使组织活力化　干净整洁、温馨舒适的工作环境能给员工以信心，明显地改善员工的精神面貌，使组织焕发出一种强大的活力。

5. 推行5S的作用

推行5S有八大作用：亏损、不良、浪费、故障、切换产品时间、事故、投诉、缺勤等八大方面都为零，有人称之为“八零工厂”，如图所示。

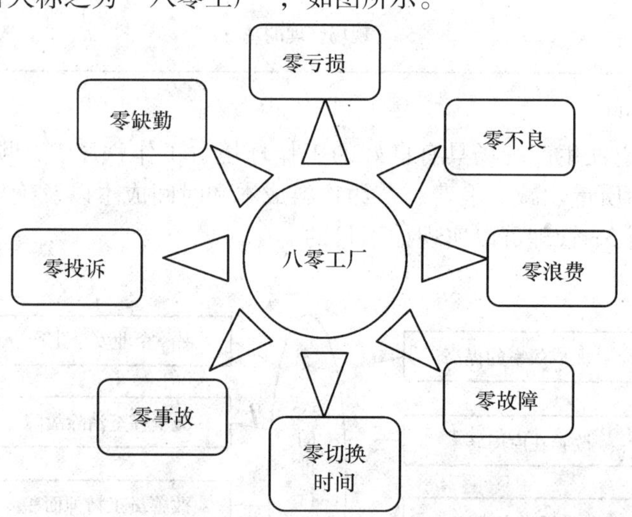

（1）亏损为零　推行5S管理能够营造出“对错一目了然”的现场环境，创造令人心旷神怡的生产现场，没有所谓的不良，员工配合度又非常好，则企业良好的口碑在客户之间相传，忠实的客户就会越来越多，知名度也会提高，发展空间也会无限广阔。

（2）不良为零　产品质量保障的基础在于做任何事情都要认真严谨，杜绝马虎的工作态度。5S实施的目的就是消除工厂中的不良现象，防止工作人员马虎行事，这样就可以使产品的质量得到可靠的保障，从而降低问题的发生率，奠定了企业产品品质零缺陷的基础。

（3）浪费为零　企业实施5S的最大目的是为了减少或避免生产过程中的浪费。实施5S管理能在人力、场所、时间、士气、效率等方面避免很大的浪费，而降低产品的生产成本，其直接结果就是为企业增加了利润。

（4）故障为零　开展5S管理，可实现工厂无尘化。没有碎屑、油漆，经常对设备擦拭和进行维护保养，设备的使用率和使用寿命会提高。模具、工装夹具管理良好，调试、寻找故障的时间减少，设备更加稳定，综合效能就可以大幅度地提高。

（5）切换产品时间为零　5S 管理有助于企业员工正确执行企业的规章制度，规范生产作业，创造良好的工作环境，提高员工的工作效率，提高工作热情，提高企业形象，增强企业竞争力。

（6）事故为零　降低安全事故的发生率一直是企业，特别是制造加工类企业努力实现的重要目标之一。5S 的实施可以使员工养成良好的工作习惯。工作场所宽广明亮，保持通道畅通，自然就使安全得到了保障。另外，由于 5S 活动的长久坚持，可以培养工作人员认真负责的工作态度，这样也有助于减少安全事故。

（7）投诉为零　5S 管理强调作业标准的重要性。作业标准是企业经过反复思考和实践，结合现场作业中可能存在的问题及如何在作业中解决来制定的。开展 5S 后，员工们能正确地执行各种规章制度，在任何岗位都能规范作业，投诉自然会降低。

（8）缺勤率为零　5S 管理首先是对生产现场的规范化管理。通过不断地改善，生产现场更干净、整洁、有序，员工会产生一种愉快的心情，会让员工更有积极性，无缘无故旷工的情况也会越来越少。

6. 国内外开展 5S 的概况

（1）我国开展 5S 的概况　5S 和 QCC 差不多，是同一时代出现的日本企业内实施现场管理的方法。早在 1978 年，QCC 已经传入我国。时至今日，在中国质量管理协会的领导下，各省市每年都有优秀 QCC 小组的选拔振动。据统计，每年在中国各地企业内活动的 QCC 小组不低于 100 万个。

相比之下，5S 传入我国相对较晚。1995 年初，香港工业主管部门邀请了英国 Warwick 大学万广明教授到香港介绍 5S。近年来，随着我国改革开放的不断深入以及经济全球化进程的不断加快，特别是我国加入了 WTO 后，外国企业来中国投资越来越多，5S 在外资企业，特别是日资企业中普遍推行。

据有关统计资料显示：我国目前有 88.2% 的日资企业和中国台湾独资企业将 5S 纳入日常工作，68.7% 中国香港独资企业正在推行 5S；珠江三角洲、长江三角洲有 70.1% 的企业了解 5S 或正在推行 5S。但真正系统有效地推行 5S 管理的企业仅有 29.5%，而一些内地企业目前大部分还没有导入这项活动。

（2）国外开展 5S 活动的概况　日本的企业管理者认为，5S 是现场管理的基石，5S 做不好的企业不可能成为优秀的企业，因此，将 5S 管理作为重要的经营原则。

日本雅马哈公司是一家大型机械制造企业，在该公司的本社和工场，无论是办公室的文具还是流水线旁的物品箱及工具板，所有物品都放置得一目了然。无论厂房和设备的新旧程度，无论厂区内还是生产现场，都给人以协调、整齐、美观的印象。

5S 管理在美国也很盛行。韦勒克斯公司实施 5S 管理两年以后，其生产力得到 26% 的增长，这种结果证明 5S 管理具有国际通用性。

5S 管理不是企业管理的万能钥匙，而是现场文明生产的管理手段。随着社会的发展，工作环境、作业标准的要求也在不断地变化，5S 的管理意义必然会有所改变。一流的产品，只有在优美有序的现场环境、安全高效的生产秩序中才能生产出来，而 5S 管理正是支撑这样的环境秩序的基础。

二、5S 的前期准备

5S 的前期准备工作非常重要，就像运动员比赛之前的热身运动对比赛的最终结果有着举足轻重的作用一样。前期工作做得好，在活动中就可以少走弯路，避免由于措施、方法未到位而影响活动的正常开展。

1. 制定活动程序

任何一项活动的导入，必然有一个循序渐进的过程，5S 活动的开展也不例外。在活动的导入前期，发起单位要对整个活动过程有一个深入的了解，并根据活动的范围、规模、内容等方面进行安排，制订切实可行的实施程序，以便于后续工作的开展。活动程序见表 1-2。

表 1-2　活 动 程 序

活动项目	相关部门职责					简要说明
	高层领导	推行委员会	培训部门	其他相关部门	员工	
决策						领导的关心是活动成功与否的关键
成立组织						活动深入发展的动力
制定方针目标						活动的框架和努力方向
制定实施计划						活动成功的保证
建立考核标准						以目标为参照系
培训教育						重点是改变观念
样板区 5S 活动						样板区是为了取得经验、树立榜样
总结、改进						总结经验、吸取教训、发扬成绩、改进方法
活动全面展开						在全公司开展
检查、考核、评比						检查、考核活动的实施效果、评比先进
成果发布						展示自我，体会成就感
持续改进						PDCA 循环（戴明环）（质量环）

2. 成立推行组织

为了有效地推行 5S 活动，需要建立一个符合企业自身条件的 5S 推行组织——5S 推行委员会，其主要职责是负责 5S 推行方针和目标的制定，确定 5S 方针。

委员会的主要成员如下：

（1）主任委员一名　通常由企业主要负责人担任，如总经理、常务副总经理等，这样便于协调上下级关系，有利于活动的开展。主任委员负责委员会的运作、统筹、指挥、监督工作，在 5S 活动中拥有最高裁决权。

（2）副主任委员一名　视企业的规模可以多设几名。副主任委员通常由企业的副总、总工程师、办公室主任等担任，协助主任委员处理委员会事务。主任委员不在时，副主任委员代行主任委员之职责。

（3）委员若干名　主要由各职能部门的领导人担任，也可由同属于一个责任区的几个部门共同推荐产生。推荐产生的委员可以是部门领导，也可以是公司一般职员。委员参与制定 5S 活动方案，执行贯彻主任委员的指示，完成诊断表、评分表并参与 5S 活动的评比；是 5S 评比的基本成员。

（4）秘书一名　通常由委员兼任，应懂管理，有一定的文字功底和组织协调能力。秘书的主要职责是策划推行方案，整理资料，数据统计，筹备、召集会议，组织检查、评比及评比结果的统计和公布。

所有委员会成员的确定必须经企业最高领导层同意、批准，形成文字，并以企业的文件形式下发给各相关部门。

某公司关于开展5S活动的通知示例见例1所示。

例1　某公司关于开展5S活动的通知

×××发【2010】8号

关于开展5S活动的通知

各部室、车间：

为进一步改善公司的工作环境和生产现场面貌，提高全体员工的素质，并以此促进质量、生产管理以及安全卫生管理等各项工作的全面提升，经研究决定，在公司全面开展5S活动。现将有关事项通知如下：

一、活动领导机构及组成人员

活动领导机构：公司5S推行委员会

推行委员会成员：

主任委员　×××总经理

副主任委员　×××副总经理

委员　×××　×××　×××　×××

秘书　×××

二、活动要求

全公司要在5S推行委员会统一领导、统一部署下，树立参与意识，明确目标，全力以赴，确保活动顺利进行

各部室、车间要严格按照5S活动要求，大力配合，互相协作，严禁推诿扯皮

各处室、车间领导及各岗位管理人员在活动中应积极做好带动作用；所有员工都要认真参与到活动中去，形成全员参与的态势

全公司上下要达成共识，确保该活动健康、有序地开展

三、活动奖惩

推行委员会将对5S各个阶段中的优秀单位和先进个人进行表彰，并给予一定的物质奖励和精神奖励，具体评分细则届时另行通知

对在活动中消极应付，给工作造成被动者，公司将给予通报批评；对不听劝阻或有意制造障碍、给公司生产经营带来严重后果者，将给予罚款或调离工作岗位的处理

特此通知

××××年××月××日

（公章）

3. 制定目标方针

5S方针为企业建立并保持该管理体系提出了总的宗旨和方向，是企业开展5S管理工作的行为准则与工作原则的表述，是5S管理成效与意图的体现。

5S方针为5S目标的建立提供了框架，是组织制定5S管理目标的依据和出发点，同时也是企业倡导和推进5S的根本动力。5S活动是以其为中心展开的。

4. 制定5S方针应遵循的原则

（1）与企业宗旨相适应　5S方针应根据企业宗旨、发展战略制定，不同的企业由于企业的类型、目的不同，其经营宗旨各不相同，所以5S方针也应有所不同。

（2）作为5S目标订立的框架和基础　5S方针是企业建立5S体系目标的框架和基础。5S方针指出了企业总的宗旨和方向，而5S目标是对企业总的宗旨和方向的具体落实。制定的5S方针应切实可行，不能不切实际。

（3）抓住要点　抓住要点是要向全体员工表达出一种信心和决心。5S方针是全员对5S理解和支持的聚焦点，应该通过方针向全体员工说明推行5S的意义和目标，传达管理层的信心、决心和期望。在表达方式上尽量使用简明易懂的语言。

（4）全员理解　为使5S方针最终实现，应做好宣传工作，在企业内得到充分理解，使各级人员认识到5S活动的重要性及如何为实现该目标作出贡献。

（5）及时评审修订　应对5S方针进行持续适宜性方面的评审，为适应不断变化的内外部条件应对5S方针进行及时的修订。

5. 制定5S目标的注意事项

在制定5S目标时，应遵循以下五项原则：

（1）相关性原则　制定5S目标应切实地参照企业的产品、活动、职责、资源等相关情况，为提高公司整体水平的目标服务。同时要和企业的具体情况相结合，比如，企业场地紧张，但由于现场摆放凌乱，使现场空间未被有效地利用，那么，应该将增加可使用面积作为目标之一。与企业无关的目标内容应坚决剔除。

（2）可测量性原则　为了使制订的目标可被监测、可被测量、可被考核或能被控制，应制订出可定量或可定性测量的目标。

（3）先进性原则　制订的目标要有一定的先进性，应该是尚未实现的、需要付出努力的。

这些目标应具有先进性和挑战性。这样才能激发员工的改善意识和拼搏精神，为实现自己的和组织的目标而努力。目标不能定得太低，这样不能激发员工的积极性和工作热情，这样的目标没有意义。

（4）可实现性原则　目标不能定得过高，因为超过努力的极限也无法实现的目标会挫伤员工的积极性和信心。努力而不可及的目标是无意义的。

（5）时间性原则　制订的目标应有一定的时限性，应决定由谁做、做到什么程度、什么时间完成，给实施者一定的压力，这样才能保证整体进度。有时限要求的目标对评价考核也有所帮助。

6. 加强舆论宣传

教育宣传可以起到潜移默化的作用，可以从根本上提升员工的5S意识，通过教育宣传使5S深入人心。

（1）企业简报　企业简报是企业与员工相互沟通的载体。企业通过发行简报，可以把5S活动的有关信息传递给全体员工，使他们了解活动的重要性和目的，让每一位员工在知情的基础上热爱企业，为企业献计献策。也可以通过简报发表优秀文章，引导员工对5S活动的重要性有所认识。

（2）企业宣传栏　企业宣传栏是企业文化建设的一个窗口。企业开展5S活动，也是企业文化建设的一个重要组成部分。利用企业宣传栏这一窗口，可以把企业推行5S的宗旨、理念介绍给每一个员工，营造一个良好的活动氛围，以便使活动获得全员的理解和支持。

悠度 YODO 6S活动宣传栏

6S知识栏

公告栏

本月活动重点

月度6S检查评分通报

部门\月份	1月份	2月份	3月份	4月份	5月份	6月份
生产部						
行政部						
仓储部						
研发部						
产品部						
采购部						
人力资源部						
信息技术部						
渠道部						
市场部						
财物部						
物流部						

6S工作计划

改善前后定点摄影

（3）企业标语牌　企业标语牌可渲染活动气氛，可以起到宣传和推动的作用。在企业内部还可以制作一些精美的5S宣传标语，张贴在工作现场，以增加现场活动的气氛。

7. 教育培训

5S 的教育培训是实施 5S 活动必不可少的重要环节。通过培训，使广大员工充分认识到开展 5S 活动能给工作带来好处，从而主动去做。5S 提倡的是自主管理，虽然它与国内的文明生产、现场管理等内容相似，但在推行方法上两者却大不相同。有专家指出，国内许多企业热衷于口号、标语、文件的宣传及短暂的活动，忽略了员工的培训。这种没有结合日常工作的空洞口号、运动，对提升人的品质几乎没有任何帮助。国外的很多知名企业都把 5S 看作现场管理必须具备的基础管理技术。5S 明确具体做法，不同的物品如何放置、数量多少、如何标示等，简单有效，且融入到了日常工作中。

（1）培训的方法和内容 5S 的教育培训通常是与活动的实施同步进行的。培训方法按授课形式可分为课堂培训和现场培训两种；按师资来源可分为自行培训和外力培训两种。

1）课堂培训就是组织员工集中培训，通过对 5S 一些理论知识的讲解和案例分析，使员工有一个理性认识。

2）现场培训就是让员工回到自己的工作现场，在老师的指导下，对自己的工作环境进行改善，加深对 5S 理论知识的了解和运用，掌握 5S 的应用方法和技巧。

3）自行培训是企业自身对员工组织的培训，教员一般由企业员工担任。这些教员通常在企业实施 5S 活动前，参加一些相关的专业培训和现场观摩，或购买一些参考资料先行积累经验，再对员工实施培训。

4）外力培训是企业聘请咨询公司的顾问师进行辅导，一般需要的时间较长（半年甚至一年时间）。外力培训效果相对较好，但费用较高。

5S 培训应拟定相应的培训计划，见表 1-3。

表 1-3 培训计划表

序号	培训项目	进度时间要求					
		1月	2月	3月	4月	5月	6月
1	5S 的起源、目的、作用及其推行意义，推行 5S 管理案例	△					
2	整理、整顿推行重点、案例及现场指导		△				
3	清扫、清洁、素养推行重点、案例及现场指导			△			
4	编制检查表				△		
5	红牌作战及其现场作业					△	
6	目视管理、看板管理现场作业						△
7	现场改善						
8	持续改进						

（2）考核检查　为了检验培训效果，了解员工对5S的理解程度，培训结束时，需对员工进行理论知识考核。考核通常采用书面考试的方式，可以作为员工今后业绩考核依据之一。不合格的应补考，直至合格为止。

三、生产现场诊断和评价

1. 生产现场诊断

（1）5S推荐委员会成员

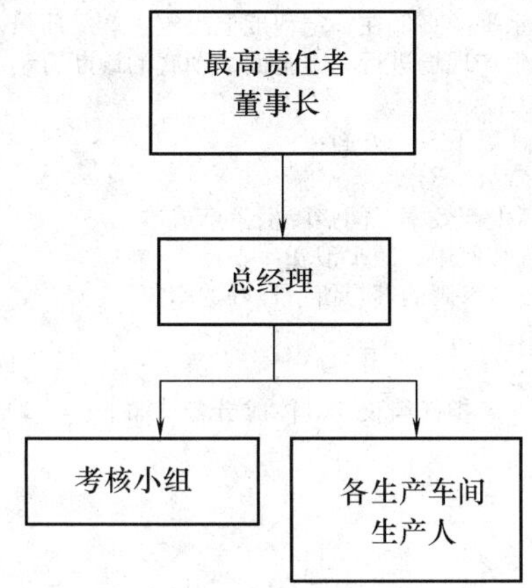

（2）现场诊断流程

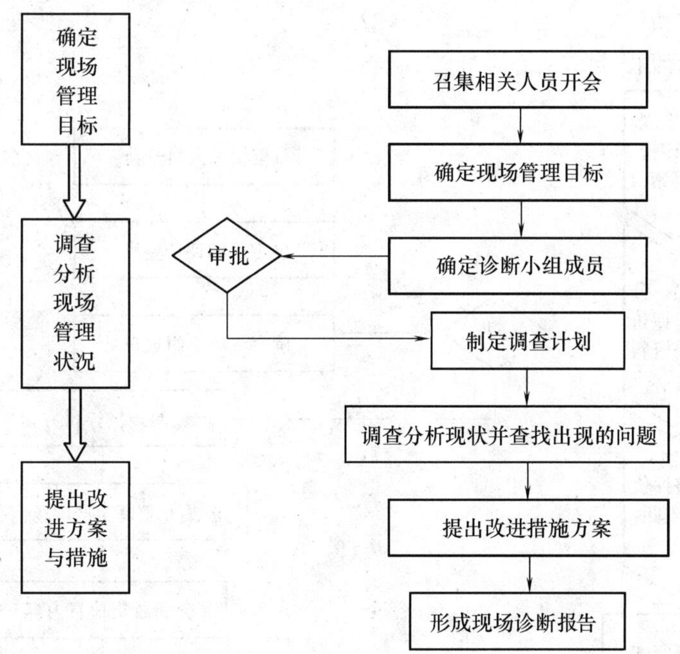

现场诊断报告见表1-4。

表 1-4　现场诊断报告

<table>
<tr><td rowspan="2">文本名称</td><td colspan="3" rowspan="2">现场诊断报告</td><td>受控状态</td><td></td></tr>
<tr><td>文件编号</td><td></td></tr>
<tr><td>执行部门</td><td></td><td>监督部门</td><td></td><td>考证部门</td><td></td></tr>
<tr><td colspan="6">一、前言
1. 我公司面临的经济形势
目前，我公司所面临的经济形势主要有两个方面的特点：一是国内外趋于冷清的市场环境；二是原材料的价格一路上扬，而产品的售价却由于竞争的加剧导致有下跌的可能
为了能轻松地应对上述局面，我公司应该在管理上狠下功夫，向企业生产现场要效益，提高生产一线人员及管理人员的工作效率，将产品生产过程中的浪费降至最低，以此来消除外部环境对公司经营的负面影响。因为企业所有的产品都诞生于生产现场，生产现场管理水平的高低在一定程度上决定了产品质量水平、生产成本费用水平的高低
基于以上情况，公司领导特决定对生产现场进行一次全面、彻底的诊断行动
2. 对生产现场加强管理的必要性说明
对生产现场加强管理的必要性表现在以下五个方面：
1）控制标准化的作业流程，提高产品的质量
2）减少不必要的动作或时间，提高生产效率，间接降低生产成本
3）使生产现场资源得到合理的配置和使用，减少浪费
4）整洁有序的生产现场能够给来公司参观的客户留下良好的印象
5）将发生安全事故的可能性降至最小
二、诊断小组的成员构成
此次诊断行动由主管生产的副总×××担任组长，具体成员名单如下：
1. 副组长
×××
2. 组员
××、×××、××、×××、×××
撰稿人
日期　××××年××月××日</td></tr>
<tr><td>编制日期</td><td></td><td>审核日期</td><td></td><td>批准日期</td><td></td></tr>
<tr><td>修改标记</td><td></td><td>修改数量</td><td></td><td>修改日期</td><td></td></tr>
</table>

2. 生产现场评价

（1）现场评价流程

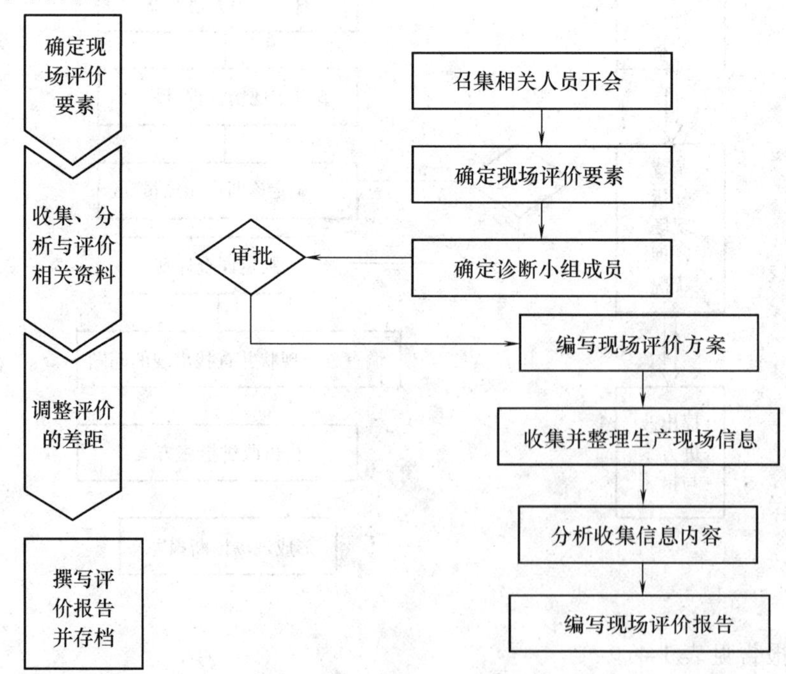

（2）现场评价方案　见表1-5。

表1-5　现场评价方案

方案名称	现场评价方案			文件编号	
执行部门		监督部门		考证部门	

一、前言

衡量企业管理水平高低的一项重要标准是现场管理。企业的各项管理都是以现场管理为基础并且通过现场来实施的。生产现场既承担着公司所有产品的制造加工任务，也承担着产品质量、工艺技术的改善、改进工作；生产现场既是公司所有生产信息的衔接地，也是隐藏公司利润潜力的聚集地。所以，生产现场管理是公司最基础、最重要的活动之一，其水平的高低直接影响到公司产品质量水平和公司的经济利益

为考察、掌握公司生产现场管理的实际状况，发现生产现场管理的优势与不足，挖掘生产现场管理存在的潜力，为公司生产效率的提高、产品质量水平的提升、生产成本的控制等打下坚实的基础，创造更大的经济效益，特组织此次现场评价活动

二、现场评价小组的成员构成

此次现场评价活动由主管生产的副总××担任组长，具体成员名单如下：

副组长　×××

组员　×××，×××，×××，×××，×××

三、生产现场评价要素

（一）直接评价法的生产现场评价要素

生产现场评价要素列表（直接评价法）如下所示

生产现场评价要素列表（直接评价法）

专项管理项目	具体内容	单项总分	实际得分
工位器具管理	（1）生产现场的工位器具齐备，不短缺	40	
	（2）生产现场的工位器具干净并整齐摆放	30	
	（3）工位器具的现场台账账目清晰易懂	20	
	（4）生产现场没有闲置的工位器具	10	
单项得分（上述各项内容实际得分的加权得分）		100	
质量管理	（1）生产现场有完备的质量保证系统	35	
	（2）每个操作点都有完备的作业标准书	25	
	（3）用于控制质量的计量器具摆放整齐、合理且精度准确	25	
	（4）生产人员了解每种产品的不良率要求	15	
单项得分（上述各项内容实际得分的加权得分）		100	
设备管理	（1）每个设备前有设备资料卡与保养维修卡，且内容清晰、明了	20	
	（2）设备上的危险地方标有明显的危险标示	15	
	（3）设备的保养点检记录良好，无中断现象发生	20	
	（4）所有设备的操作人员都有由公司技术部门颁发的设备操作证，操作人员能够熟练掌握相关设备的操作规则	30	
	（5）设备在近一年中没有因操作错误而引起的重大事故发生	15	
单项得分（上述各项内容实际得分的加权得分）		100	
材料管理	（1）材料、物品的放置整齐，放置场所有明显的标示	20	
	（2）生产现场人员能够及时掌握现场材料的不足或多余	25	
	（3）生产现场的材料能够按公司规定的量进行存储	20	
	（4）生产现场的材料无老化、残次品现象	15	
	（5）废料堆里没有可以再次使用的材料	20	
单项得分（上述各项内容实际得分的加权得分）		100	

（续）

专项管理项目	具 体 内 容	单项总分	实际得分
安全管理	（1）生产现场有危险的地方有明确的标示或做了相应的处理	30	
	（2）生产通道及安全通道无物品占用，安全出口处无物品堆积	15	
	（3）所有的保护安全的设施设备处于正常的工作状态	20	
	（4）危险系数较高的设施、设备的操作人员均有上岗证	20	
	（5）生产人员能够熟记安全操作规范	15	
单项得分（上述各项内容实际得分的加权得分）		100	
人员管理	（1）生产现场人员的出勤状况良好，出勤记录完备	15	
	（2）生产现场人员的工作态度，是否有闲聊、串岗、吃零食、打瞌睡的现象发生	25	
	（3）对技术不熟练的员工进行了现场指导并有记录	20	
	（4）对生产人员培训的现场记录完整、清晰、针对性强	25	
	（5）生产现场的人员待人接物有礼、有节，能够保守公司的机密	15	
单项得分（上述各项内容实际得分的加权得分）		100	

（二）间接评价法的生产现场评价要素

生产现场评价要素列表（间接评价法）如下所示

生产现场评价要素列表（间接评价法）

经济技术指标	评 价 指 标	实际得分
质量指标	（1）产品质量抽检合格率	
	（2）优等品及一等品的质量合格率	
	（3）产品首件检验合格率	
	（4）半成品的质量合格率	
单项经济技术指标得分（上述各个评价指标的平均得分）		
效率指标	（1）生产现场的劳动生产率	
	（2）生产人员的劳动生产率	
	（3）定额工时的平均完成率	
	（4）工时的利用率	
单项经济技术指标得分（上述各个评价指标的平均得分）		
成本指标	（1）原材料利用率	
	（2）单位产品的原材料消耗定额达成率	
	（3）单位产品的成本降低目标达成率	
	（4）可比产品的工时定额达成率	
单项经济技术指标得分（上述各个评价指标的平均得分）		
配套指标	（1）每日生产的产品均衡率	
	（2）生产现场的零部件生产配套率	
	（3）产品的按期交货率	
单项经济技术指标得分（上述各个评价指标的平均得分）		

四、以往现场评价易出现差错的项目分析及对策

（略）

撰稿人

日期　××××年××月××日

编制日期		审核日期		批准日期	
修改标记		修改处数		修改日期	

【任务实施】

一、现场评价与诊断的方法（决策）

通过此次课堂实践，使学生熟悉生产现场诊断流程、生产现场诊断报告以及生产现场评价方案的基本内容和制作过程；掌握实习工厂生产车间概况的基本信息，分析所收集的现场管理资料，完成任务工单；能够制定生产现场诊断流程、生产现场诊断报告以及生产现场评价方案。

1. 选择现场诊断的方法

此次诊断主要采用现场观察法与访谈法相结合的方法，即通过诊断小组成员的观察以及与生产一线操作人员及车间管理人员的交谈获得生产现场的相关信息。

2. 现场评价的执行

此次现场评价活动采用直接评价法和间接评价法相结合的方式进行。

（1）运用直接评价法进行评价　对生产现场的工位器具管理、质量管理、设备管理、材料管理、安全管理、人员管理6个方面，采用直接评价法进行考评。这6大方面作为生产现场的专项管理，每个专项管理包括若干项评价的内容与要求。

采用直接评价法时，将每个专项管理的分值均设为100分，再将分值一一分配到各项评价的内容中。直接评价法不仅能直接评价出各个专项管理的优势，还可以将6个专项管理的分值综合取平均分值，从而可衡量出长期以来公司在生产现场管理方面的优劣情况。

（2）运用间接评价法进行评价　间接评价法是采用与生产现场管理有密切关系的经济技术指标，包括质量指标、效率指标、成本指标及配套指标4个方面进行评价。根据相关历史生产资料，计算每项经济技术指标的具体数值，得出的分值即为百分数的分子值；将某项经济指标的各个评价指标的得分进行求和，并计算其算术平均值，所得分数即为某一项经济技术指标的参考分数；将4个方面的经济技术指标的平均分数综合求和，得出生产现场的间接评价分数，作为评价生产现场管理的一个参考因素。

二、现场评价与考察的具体活动安排（计划）

现场评价与考察的活动安排见表1-6。

表1-6　现场评价与考察的活动安排

活动阶段	具体内容	负责人
准备阶段		
具体实施阶段		
收尾阶段		

三、现场诊断与评价的步骤及工作内容（实施）

1）现场诊断的步骤及工作内容见表1-7。

表1-7　现场诊断的步骤及工作内容

现场诊断阶段	具体内容	具体时间
开始阶段	（1）组建诊断小组 （2）确定现场管理需要达到的目标 （3）制定调查计划并拟定好访问的主要内容	

（续）

现场诊断阶段	具 体 内 容	具 体 时 间
实施阶段	（1）调研生产现场的环境状况 （2）调研生产现场的操作是否规范 （3）调研生产现场的物料管理状况 （4）调研生产现场的产品质量管理状况 （5）调研生产现场的设备管理状况 （6）调研生产现场的现场改善状况 （7）调研生产现场的安全管理状况 （8）调研生产现场的人员管理状况	
收尾阶段	（1）整理收集的资料 （2）对资料进行分析 （3）就分析结果提出建议与意见并形成报告	

2）现场评价活动的具体步骤及时间安排见表 1-8。

表 1-8　现场评价活动的具体步骤及时间安排

现场评价阶段	具体工作内容	具体时间安排
开始阶段	（1）组建现场评价小组 （2）确定现场评价要素 （3）制定调研计划	
实施阶段	（1）调研生产现场的工位器具管理状况 （2）调研生产现场的质量管理状况 （3）调研生产现场的设备管理状况 （4）调研生产现场的物料管理状况 （5）调研生产现场的安全管理状况 （6）调研生产现场的人员管理状况 （7）调研生产现场的 5S 管理状况	
收尾阶段	（1）整理收集的资料 （2）对收集的资料进行分析 （3）出具现场评价报告	

四、诊断流程与报告的检查和评估（检查和评估）

1）对所制作的诊断流程、诊断报告、现场方案及评价表进行检查并作出修改、完善，写出调研报告。

2）根据自己任务完成的情况进行自我评估，并提出改进意见。

3）小组对本组制作的诊断流程、诊断报告、现场方案及评价表进行陈述讲解，指导教师和该车间负责人共同对小组工作情况进行评估，并进行点评。

小结

1. 5S 的含义。
2. 5S 管理的思路。
3. 推行 5S 的目的。
4. 推行 5S 的作用。
5. 5S 的前期准备。
6. 制定 5S 目标的注意事项。
7. 5S 教育培训。
8. 现场诊断报告。

案例一

做好 5S，打造一流的现代企业

5S 现场管理的改善是通过对企业生产现场“望、闻、问、切”，找到制约管理水平提升的症结。望：排查企业各个生产环节，找到所有管理死角，不放过每一个细枝末节；闻：了解企业经营目标、企业文化、现行制度，从理念上收集管理问题；问：深入现场，与各层级管理者、一线工人沟通，搜集改变现状的各种观点；切：编写诊断报告，提供为企业量身定做的现场管理解决方案。

对于企业来说，要发展、要壮大、要在日益激烈的市场竞争中立于不败之地，首先要做的是生产出优质的产品，更要有高素质人才和优美的工作环境。5S 是一项增强企业体质，不断提高安全、品质、效率和素养的长期工作。做好 5S 不仅可以节约成本、减少浪费、提高生产效率，而且还是一场企业管理上的变革。5S 是一个无声的推销员。

“5S 管理”由日本企业的 5S 扩展而来，是现代工厂行之有效的现场管理理念和方法，其作用是：提高效率，保证质量，使工作环境整洁有序，预防为主，保证安全。

5S 现场管理模式经实践证明是一种先进、实用性强的现场管理系统方法，包括整理、整顿、清扫、清洁、素养、安全六个部分，主要功能是为企业解决用好的空间、用足空间、保持环境清洁、形成良好习惯、重视安全等问题。成功的导入 5S，可以改善和提高企业形象、促进工作效率的提高、缩短作业周期、降低生产成本、切实保障安全，是一件可以提高社会效益和经济效益的大好事。

5S 管理将杂乱无章的办公场所变为井然有序的工作环境……所有的一切，无论是谁都明白“一分耕耘、一分收获”的道理。然而，这只是 5S 学习实践的攻坚段的成绩。今天的成绩并不意味着明天的成功，一段时间的纠正也并不代表优秀的素养已经定型。5S 管理的最终目的就是提升员工品质，巩固好攻坚的成果，让优秀的道德品质习惯化，使企业拥有更加辉煌的明天。所以企业不但要将 5S 贯彻到行动中去，而且还要将 5S 像规章制度一样地执行、标准化地落实。我们的着装、工作用语、礼仪等细节问题都要形成修养。让好的习惯成为制度、习惯，它将激励我们、引导我们积极改进自己，不断为企业导入各种先进的管理理念提供平台，并最终促使企业成为管理先进、环境优雅、品质一流的现代企业。

通过对企业实施 5S 诊断咨询服务可使生产现场得以大大改善，使人员整体素养和对 5S 的认识和理解得以提高，从而提高产品质量、管理水平，降低生产消耗，提升企业形象，提高企业在严峻市场中的竞争力。

案例二

5S 工作的现场评价

某化肥厂从 2001 年开始实行员工代表季度巡视车间工作制度，调动了广大员工参与企业管理的积极性。

该化肥厂有下属两个车间。两个车间环环相扣的生产工序是否能顺畅地进行，直接关系到各分厂各项目标的实现。巡视制度的内容是把员工代表大会的代表分成 4 组，由工厂每季度组织一个员工代表组到一个车间巡视工作。巡视采用“一听”、“一查”、“一评”的方法。“一听”，是听取车间主任关于上一季度生产经营、技术改造、现场管理、效益工资分配等经济责任制的执行情况，以及下一步工作的主要措施；“一查”，是听取汇报后，员工代表检查生产现场、设备卫生、现场安全的情况；“一评”，是参检的员工代表根据现场了解的实际情况，认真填写一份评议表，然后汇总参检员工代表的意见，向车间主任反映并督促其整改。

随后，该化肥厂组织了多次巡视检查，员工代表提出了许多以生产经营工作为主要内容的整改意见和合理化建议，使工厂的生产决策在各车间得到了有效地落实，推动了工厂生产经营目标的实现。

习题

一、填空

1. 5S 是指对生产现场各生产要素（主要是物的要素）所处状态不断进行__________、__________、__________、__________和提高__________的活动。

2. 通过实施 5S，可以减少__________、__________、__________、__________等的浪费，从而降低生产成本。

3. 推行 5S 有八大作用：__________、__________、__________、__________、__________、__________、__________、__________、__________，即八大方面都为零，有人称之为“八零工厂”。

4. 在制定 5S 目标时，应符合以下五项原则要求：__________、__________、__________、__________、__________、__________。

5. 现场诊断主要采用______________和______________相结合的方法。

6. 间接评价法是采用与生产现场管理有密切关系的经济技术指标，包括__________、__________、__________及__________ 4 个方面进行评价。

二、简答题

1. 推行 5S 的目的是什么？

2. 制定 5S 方针应遵循的原则是什么？

3. 5S 的前期准备是什么？

4. 5S 教育培训是实施 5S 活动必不可少的重要环节，通常采用哪些培训方法？

情景二　车间生产现场整理

未推行5S的工厂，对其各个岗位稍瞥一眼，就会感觉比较脏，地板上全是垃圾、油渍、铁屑等，已成黑黑的一层；零件、纸箱胡乱地搁在地板上；人员、车辆在拥挤狭窄的过道上穿插而行……

即使工厂的设备是世界上最先进的，如不对其进行管理，到了最后也会成为不良机械，等待维修或报废。对于这样的工厂，引进很多尖端优秀的管理方法也不见得会有什么显著效果，还是从简单实用的5S开始吧！我们先从1S（整理）着手。

把要与不要的物品分开，再将不需要的物品加以处理，并规定现场必需物品的最多允许数量，使所有必要的物品在现场都能找得到，这是开始改善生产现场的第一步。

【学习目标】

1. 知识目标

掌握整理的定义、目的、实施方法、注意事项；能够制订活动程序、目标方针、成立推行组织；制定样板区。

2. 技能目标

掌握系统实用的工具与方法，能够对生产现场进行整理。

【知识准备】

一、整理（资讯）

1. 整理的定义

整理即将生产现场的任何物品区分为要与不要的物品，保留要的物品，将其他物品清除掉。

“整理”这个词，往往会被人误认为是把散乱的东西重新排列整理好。其实，重新排列、重新堆积整齐，只能算是“整列”。而“整理”的详细内容则应该是把要与不要的物品分开，再将不需要的物品加以处理，并规定现场必需物品的最多允许数量，使所有必要的物品在现场都能找得到；对生产现场的现有摆放和停滞的各种物品进行分类，对于现场不需要的物品，要坚决清理出生产现场。

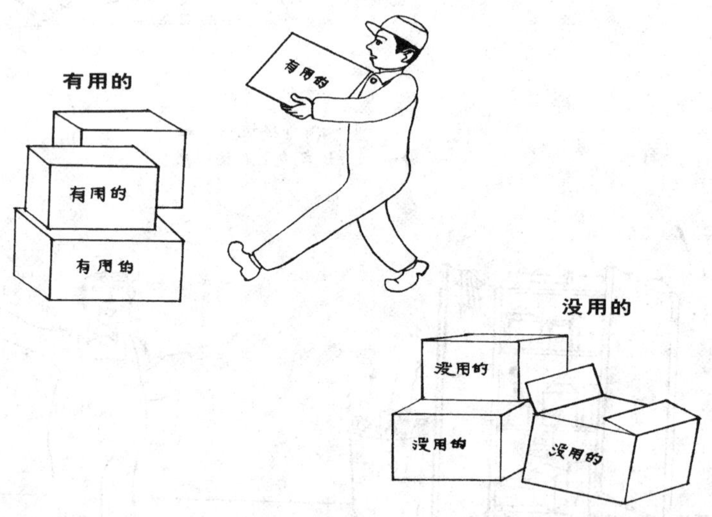

注意，在整理的时候，只要是应该废弃的物品就要坚决地清理掉，在“必需”和“非必需”之间不能含糊，不能对需不需要感到犹豫。我们经常有这样的心理和观念：“留下以后或许有用”、“这个尾数留下等下批订单再用”、“多买一些，急用就不用愁了”等，这些不明确或假设的心态，往往造成“空间”和“成本”的浪费。对于车间里各个工位、设备的前后、工具箱内外、通道左右、厂房上下以及车间的各个死角，都要彻底搜寻和清理，达到现场无不用之物。

2. 整理要点

1）对每件物品都要看看是必要的吗？非这样放置不可吗？

2）要区分对待马上要用的、暂时不用的、长期不用的。

3）即便是必需品，也要适量；要将必需品的数量降低到最低程度。

4）在哪儿都可有可无的物品，不管是谁买的，有多昂贵，也应坚决处理掉，决不手软。

5）非必需品是指在这个地方不需要但在别的地方或许有用的物品，并不是“完全无用”，应该为它找一个合适的地方放置。

6）当场地不够时，不要先考虑增加场所，而是要整理现有的场地。

3. 整理的目的

1）腾出空间，改善和增加作业面积。整理首先解决现场物品多的问题，通过整理使现场无杂物、过道通畅、增大作业空间、提高工作效率。

2）减少磕碰机会，提高产品质量。生产现场物品过多会造成通道不畅、阻碍视线、影响作业等不良状况，通过整理可减少碰撞，保障安全生产，提高生产质量。

3）消除混放、混料等差错。大量的零部件杂乱无章地堆放在一起会给管理带来难度，极易造成工作上的差错。通过整理可消除管理上的混放、混料等差错事故。

4）减少库存，节约资金。经过整理的物品，品种、规格、数量清清楚楚，避免了因摆放混乱而一时找不着重新采购所带来的资金浪费。

5）塑造清爽的工作场所。通过员工亲自参加整理，使现场变得明亮、整洁。清爽的工作现场使员工心情舒畅，工作热情高涨。

4. 必需品和非必需品

（1）必需品　指使用频率比较高而且必须使用的物品。处理方法就是将其放在工作台上，或是随身携带。

（2）非必需品　一是使用周期较长的物品，即使用频率在一个月以上的物品；二是对目前生产或工作无任何作用的、需要报废的物品。

5. 整理的注意事项

（1）整理不是处理废品，扔东西　在整理活动阶段，要从生产现场整理出很多不要的物品，但这些物品并不一定就是废品。有些物品在本部门无用，但可用于其他的地方，或经过改造之后可重新派上用场。非必需品的处理方法如图所示。

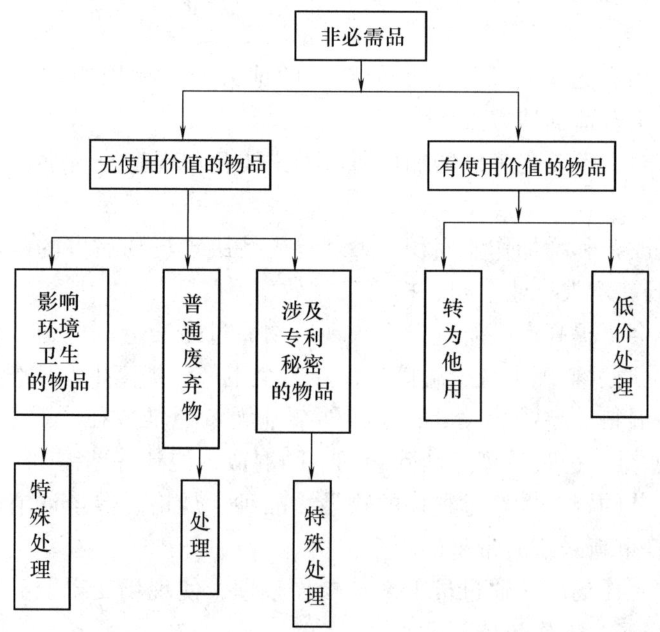

（2）不要产生新的不需要物品　在日常整理时，要注意不要超计划多领仓库的物品，

不生产计划外的产品。制造过程中，要搞好过程控制，不生产不合格品。对作业后残留的物品要立即清理，生产现场不放置私人物品。放置物品时，要遵循平行、直角、直线的原则。对不能使用的工具和用不上的工具，要整理出现场，办公室内不制作多余的备份文件和资料。

(3) 整理的同时需做到追源溯流　不断追溯，直到找出问题的根源所在，彻底加以解决，不能有“眼不见为净”的思想。

二、处理非必需品

1. 非必需品的判定

判定一个物品是否有用，并没有一个绝对的标准，有时候是相对的。有些东西是很容易判定的，如破烂不堪的桌椅等；而有些则很难判定，如一些零部件的长期库存。

(1) 非必需品的判定步骤

1) 把物品摆放在某一个指定场所，并在这些物品上贴上红牌。

2) 由指定的判定者对等待判定的物品进行最终判定，决定其应卖掉、挪用、修复还是修理等。

(2) 非必需品判定职责　为了高效地完成判定工作，根据对象物品的不同分层次确定相应的判定责任者：

1) 一般物品——由班组长初步判定，主管最终判定。

2) 零部件——由主管初步判定，经理最终判定。

3) 机器设备——由经理初步判定，总经理最终判定。

非必需品也可以统一由5S推行委员会来判定，也可设计一个有效的判定流程，由各个不同部门对各类物品进行判定。

（3）判定的注意事项

1）对那些贴有红牌的物品，要约定判定的期限，判定的拖延将影响5S活动的进行。因此，要迅速对这些物品进行判定，以便完成后续的处理工作。

2）当那些贴有红牌的物品被判定为有用的时候，要及时向物品所属部门具体说明判定的依据或理由，并及时进行重新安置和摆放。

2. 使用价值的判定

对贴有红牌的物品，必须一件一件地核实现有实物和票据，确认其使用价值。若经判定，该物品被确认为有用时，应重新投入使用。若被确认为非必需品，则应该具体决定处理方法，填写非必需品处理单。非必需品处理单见表2-1。

表2-1　非必需品处理单

申 请 部 门			物 品 名 称	
废弃理由			购买日期	
物品名称	物品类别	判定部门	可否再利用	负责人签字
其他判断				
认可	废弃　其他处理		部门负责人	
废弃			凭证	提交财务部

3. 非必需品的处理方法

（1）改用　将材料、零部件、设备、工具等改用于其他项目或其他需要的部门。

（2）修理、修复　对不良品或故障设备进行修理、修复，恢复其使用价值。

（3）作价卖掉　由于销售、生产计划或规格变更，购入的设备或材料等物品用不着。对这些物品可以考虑与供应商协商退货，或者（以较低的价格）卖掉，回收货款。

（4）废弃处理　对那些实在无法发掘其使用价值的物品，必须及时实施废弃处理。在考虑环境影响的基础上，从资源再利用的原则出发，具体决定废弃方法，如由专业公司回收处理等。

4. 处理的注意事项

（1）实施处理要有决心　在对非必需品实施处理的时候，重要的是要下定决心，把该废弃的处理掉；不要犹豫不决，拖延时间，影响5S工作的进程。

（2）正确认识物品的使用价值　对非必需品加以处置是基于对物品使用价值的正确判断，而不是基于当初购买物品的费用。一件物品不管当初购买的费用多少，只要现在是非必需品，没有使用价值，并且在可预见的将来也不会有明确的用途，就应下决心将其处置。

【任务实施】

一、生产现场整理方法（决策）

通过此次课堂实践，使学生了解哪些是车间现场所需物品，哪些是车间现场不需要的物品，为该车间现场制定“要”与“不要”物品分类标准，制定整理活动推行方案，制定非必需品的处理方案，根据所制定的方案组织现场实施整理活动。

1. 定点摄影法

定点摄影法是从同样的角度对同样的物品进行摄影，将整理前后的照片进行对比，然后对这些变化进行分析，进行再次整理。下图给出了某装配小组货架整理前后的对比情况（左图为整理前，右图为整理后）。

2. 基准判别法

在整理活动中，为了便于操作，对于必需品和非必需品必须制定相应的判别基准。判别基准应根据企业的实际情况来制订。在判别必需品和非必需品时，应根据物品的使用价值而不是物品的购买价格进行判定。表 2-2 给出了某企业在实施 5S 过程中“要”与“不要”物品的判别基准。

表 2-2　某企业在实施 5S 过程中“要”与“不要”物品的判别基准

要或不要		具体物品
要		(1) 正常的机器设备、电气装置 (2) 工作台、板凳、材料架 (3) 台车、推车、液压手推车、工作梯 (4) 正常使用的工装夹具 (5) 尚有使用价值的消耗用品 (6) 原材料、半成品、成品 (7) 垫板、托盘、塑料框 (8) 办公用品 (9) 使用中的清洁工具、用品 (10) 各种使用中的海报、简报 (11) 有用的图样、工艺文件、资料、表单记录、书报杂志 (12) 其他必要的私人用品
不要	废弃无使用价值的物品	(1) 地面上的废纸、杂物、油污、灰尘、烟蒂、泡沫塑料等 (2) 不能使用的旧手套、破抹布、砂纸、各种管线、标牌、挂具 (3) 损坏了的钻头、丝锥、砂轮片 (4) 断了的锤子、套筒、刃具、锯条 (5) 精度不准的千分尺、卡尺等测量工具 (6) 不能使用的工装夹具 (7) 破烂的垃圾桶、包装箱、垫板、图框、信箱、意见箱、指示牌、海报、看板 (8) 过时的报表、书报、杂志 (9) 超过保管期的文件 (10) 停止使用的标准、资料 (11) 无法修理好的仪器设备等 (12) 过期、变质的物品、滞留料、废品
	不使用的物品	(1) 目前已停产的产品的零件或半成品 (2) 过期的产品样品 (3) 多余的办公桌椅、私人用品、破玻璃台板、破椅垫 (4) 滞留库存材料 (5) 安装空调后的电风扇 (6) 报废的产品或零部件
	库存积压的产品	(1) 已经过时的、淘汰的产品 (2) 预测失误造成生产过剩的产品 (3) 因锈蚀等原因不能销售的产品 (4) 有致命缺陷的产品 (5) 积压的、不能流通的特殊产品

（续）

<table>
<tr><th colspan="2">要或不要</th><th>具体物品</th></tr>
<tr><td rowspan="3">不要</td><td>多余的零部件</td><td>（1）已停止生产的产品零部件
（2）无法进行配套的零部件
（3）试制过程中淘汰了的零部件</td></tr>
<tr><td>造成不便的物品</td><td>（1）取放物品不便的容器
（2）为了搬运、传递而经常打开或关上的门
（3）让人绕道而行的隔墙</td></tr>
<tr><td>占据工厂重要位置的闲置设备</td><td>（1）已经报废的设备
（2）多年不使用的设备
（3）老旧、耗能大的设备
（4）领导购买的、没有任何使用价值的设备</td></tr>
</table>

3. 频率确定法

频率确定法是根据物品的使用频率来实施整理的一种行之有效的方法。使用频率高的物品就近放置，使用频率不高的物品放置远一些；频繁使用的物品则根据使用顺序进行放置，见表2-3。

表2-3　物品的使用频率与放置方法

<table>
<tr><th>使用频率</th><th>整理方法</th><th>使用程度</th></tr>
<tr><td>一年以上不使用的物品</td><td>报废</td><td rowspan="2">低</td></tr>
<tr><td>使用频率半年以上的物品</td><td>放在远处</td></tr>
<tr><td>使用频率较少的物品（1～2个月）</td><td>集中放在现场某处</td><td rowspan="2">中</td></tr>
<tr><td>每周使用一次的物品</td><td>放在生产线内</td></tr>
<tr><td>每天使用的物品</td><td>放在作业台附近</td><td rowspan="2">高</td></tr>
<tr><td>随时使用的物品</td><td>伸手可及的地方</td></tr>
</table>

4. 红牌作战法

红牌作战是指用红色标牌将企业内急需整理的地方或尚需改善的问题标贴显示出来，加以改善。红牌作战法是做好整理最有效的方法。企业在推行5S之初，项目众多，千头万绪不知从何处下手，而且经验不足，存在问题尚且不知等，运用红牌作战这一管理工具，整理工作将变得容易得多。

5. 全员大扫除

全员大扫除是实施5S整理阶段的重要一环，也是整理内涵的展开。各部门依据公司的平面图，在各自的责任区内进行大扫除并填写非必需品整理清单（见表2-4），汇总后报5S推行委员会审核裁决。

表 2-4　不需要品整理清单

责任部门：　　　　填报日期：

序号	品名	规格型号	数量	单价	金额	理由	处理方式	备注

填报人：　　　　审核批准：

二、整理活动推行方案

整理活动推行方案，见表2-5。

表 2-5　整理活动推行方案

<table>
<tr><td>方案名称</td><td colspan="4">整理活动推行方案</td><td>文件编号</td><td></td></tr>
<tr><td>执行部门</td><td></td><td>监督部门</td><td></td><td>考证部门</td><td colspan="2"></td></tr>
<tr><td colspan="7">一、推行目的
消除因缺乏整理而造成的空间、资金、工时、时间、场地、人力的浪费
二、推行要领
1. 根据使用频率区分物品
一时用不着的，甚至长期不用的要区分对待；必需品亦同
2. 将必需品的数量降到最低
3. 对可有可无的物品，都应坚决地处理掉
三、推行步骤
1. 现场检查
对工作现场进行全面检查，包括眼睛看到的和看不到的地方。例如，设备的内部、文件柜的顶部、桌子的底部位置等
2. 进行定点摄影
定点摄影是指从同样的位置、同样的高度、同样的方向，对同样的物体进行连续摄影。将整理前的照片和整理后的照片进行对比，实施整理的作用就突显出来了
3. 区分必需品和非必需品
对生产现场管理人员而言，准确地区分需要还是想要，是非常关键的问题。管理必需品和清除非必需品同样重要。首先要判断物品的重要性，然后根据此物的使用频率来决定它的管理方法
4. 清理非必需品
清理非必需品时，必须把握好物品现在有没有使用价值，而不是原来的购买价格
5. 处理非必需品
非必需品根据使用价值进行分类，处理方式见前文
6. 每天循环整理
整理作为循环的基础工作，是一个持续的过程，现场每天都在变化，昨天的必需品，今天就有可能是多余的。所以，现场作业人员要养成每天循环整理的习惯，根据需要而随时进行，需要的就留在现场，不需要的马上整理</td></tr>
<tr><td>编制日期</td><td></td><td>审核日期</td><td></td><td>批准日期</td><td colspan="2"></td></tr>
<tr><td>修改标记</td><td></td><td>修改处数</td><td></td><td>修改日期</td><td colspan="2"></td></tr>
</table>

三、整理活动安排表（计划）

生产现场整理的具体活动安排见表2-6。

表2-6　生产现场整理的活动安排

活动阶段	具体阶段	负责人
准备阶段		
具体实施阶段		
收尾阶段		

四、现场整理的步骤与内容（实施）

生产现场整理活动的实施步骤及工作内容见表2-7。

表2-7　生产现场整理活动实施步骤及工作内容

现场整理步骤	工作内容	具体时间
开始阶段	（1）组建整理小组 （2）确定现场整理需要达到的目标 （3）制定整理计划及主要内容	
实施阶段	（1）现场检查 （2）进行定点摄影 （3）区分必需品与非必需品 （4）清理非必需品 （5）处理非必需品 （6）每天循环整理	
收尾阶段	非必需品的处理	

五、现场检查与评估（检查和评估）

1）根据车间整理检查标准对车间现场整理进行检查。

2）根据自己任务完成的情况进行自我评估，并提出改进意见。

3）小组对本组在生产车间所推行的整理活动进行陈述讲解，指导教师和该车间负责人共同对小组工作情况进行评估，并进行点评。

小结

1）制定“要”和“不要”的判别基准。

2）全面检查工作场所（范围），包括看得到的和看不到的。

3）整理是天天要做的工作，是每天要做的一个循环工作过程。

4）要的物品调查使用的频度，决定日常用量。

5）污染源对策不恰当，每日清扫也无济于事。

6）清除不要的物品。

7）整理的过程，如图所示。

8）整理是5S精髓，整理后马上进行整顿的工作，这两者往往是分不开的。

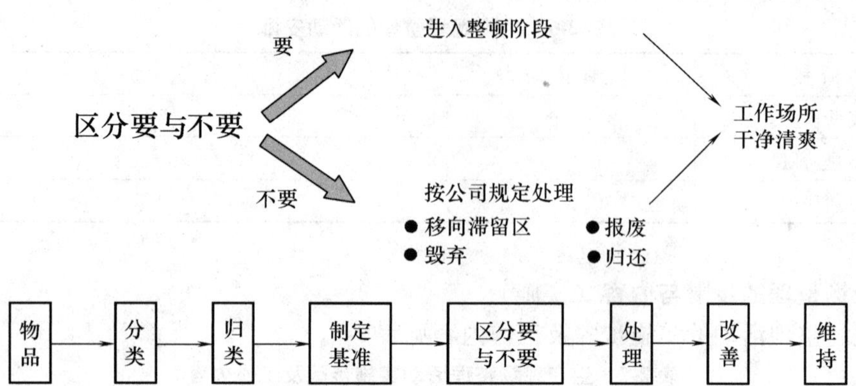

案例一

某机械厂整理的检查考核表，见表2-8。

表2-8　某机械厂整理的检查考核表

项次	检查项目	检查状况	评分标准	得分
1	通道	(1) 有很多物品或脏乱	0	
		(2) 虽能通行但要避开，不能正常通行	1	
		(3) 放的物品超出通道	2	
		(4) 超出通道，但有警示牌	3	
		(5) 畅通，整洁	4	
2	工作场所的设备	(1) 一个月以上未用的物品杂乱堆放	0	
		(2) 角落放置不必要的物品	1	
		(3) 放半个月以后要用的物品，且杂乱	2	
		(4) 一周内要用，且整理得很好	3	
		(5) 3日内使用，且整理得很好	4	
3	办公桌上下及抽屉	(1) 不使用的物品杂乱堆放	0	
		(2) 半个月才用一次的也有	1	
		(3) 一周内要用，但过多	2	
		(4) 当日使用，但杂乱	3	
		(5) 桌面及抽屉内之物品均为当日使用，且整齐	4	
4	材料架	(1) 杂乱存放不使用的物品	0	
		(2) 材料架破旧，缺乏整理	1	
		(3) 摆放不使用的物品，但较整齐	2	
		(4) 材料架上的物品摆放整齐	3	
		(5) 摆放物为近日用，很整齐	4	

（续）

项次	检查项目	检查状况	评分标准	得分
5	仓库	（1）塞满物品，人不易行走	0	
		（2）物品杂乱摆放	1	
		（3）有定位规定，但没被严格遵守	2	
		（4）有定位，有管理，但进出不方便	3	
		（5）有定位，有管理，进出方便	4	
6	计算机文件夹	（1）私人文件与公用文件混杂，无用、重复、过期文件充斥其间	0	
		（2）有所整理，但较为杂乱	1	
		（3）文件按照分类进行存储，排列较为整齐	2	
		（4）文件归类整齐、标示明确、易于查找，且对重要的旧文件进行备份	3	
合计				
备注				

案例二

某机械厂“整理”阶段的成果

某机械厂现有职工1500余人，固定资产3亿多元：占地面积18.6万平方米。在开展5S一个月之后取得了“整理”阶段性成果：共计整理了上百个各类工具箱、办公桌、资料柜；库房车间，办公室、会议室一百多间，生产班组现场区域50多个；共整理出本岗位不需要的废纸、废物、废料、工具、刀具、其他物品上千件，其中有三分之二的刀具、工具、量具等物资退回库房，供二次利用或需要时领用，其他的废旧物资按厂里有关规定直接处理。

经过第一阶段的整理工作，各单位均达到了整理的目的，并且还取得了一定的经济效益，共计节省开支超过13万元。

习题

一、选择题

1. 关于整理的定义，正确的是（　　）。

A. 将所有的物品重新摆过

B. 将工作场所内的物品分类，并把不要的物品清理掉

C. 将生产、工作、生活场所打扫得干干净净

D. 将物品分区摆放，同时作好相应的标示

2. 有关整理的方法，正确的有（　　）。

A. 常用的物品，放置于工作场所的固定位置或近处

B. 会用但不常用的物品，放置于储存室或货仓

C. 很少使用的物品放在工作场所内固定的位置

D. 不能用或不再使用的物品，废弃处理

3. 整理主要是排除（　　）的浪费？

A. 时间　　B. 工具　　C. 空间　　D. 包装物

4. 公司需要整理整顿的场所是（　　）。

A. 工作现场　　B. 办公室

C. 全公司的每个地方　　D. 仓库

5. 您对目前的工作环境有何看法？（　　）

A. 很多地方还很杂乱　　B. 缺乏爱心，物品丢在地上没人捡

C. 大概可以了　　D. 目前条件已无法再改善

二、判断下列说法是否正确，正确的打√，错误的打×

1. 所有的材料、原料、在制品、半成品、成品必须将良品与不良品分开。（　　）

2. 作业指导书、工具等可以摆放于工作场所的任何位置。（　　）

3. 各类不合格品、报废品必须及时清理、处置。（　　）

4. 所有员工不一定要经过岗位培训，只有特殊岗位员工才需要。（　　）

5. 所有员工上班必须穿工衣，正确佩带工作证，上班时间不可以做与工作无关的事情。（　　）

三、简答题

1. 整理主要是排除什么浪费？

2. 整理的目的、实施要领是什么？

3. 试以某数控加工中心为对象，以组为单位进行考察分析，最后由每组组长对现场进行整理的情况进行汇报。

1）请指出哪些是必需品、非必需品。

2）制订整理活动推行方案。

3）规范非必需品的处理制度。

4）确定现场整理流程。

情景三　车间生产现场整顿

现场经过一番整理之后，不用的物品被移离了现场，现场作业空间变大了，货架空出来了，人行通道变宽了，其实这才是第一步，紧接着就要对物品的放置场所进行整顿。

在工作现场经常会看到这样的情景：一些员工在寻找东西："扳手昨天明明放在这儿，今天怎么就找不着呢"、"这副模具今天要用，到仓库去找找看，看在不在"，类似这样的场面很多。因此，必须对每个物品进行标示，规定放置区域和摆放位置，只有这样才能使整理所带来的良好开端进一步巩固、扩大。

整顿就是要使"摆放方法标准化"，它要求任何人都能在最短的时间内知道和找到所需要的物品；任何人都能及时拿取、使用；任何人都能将物品用后立即归回原位。

【学习目标】

1. 知识目标

掌握整顿的定义、目的、实施方法、注意事项；能够制订活动程序、目标方针、成立推行组织；制定样板区。

2. 技能目标

掌握系统实用的工具与方法，能够对生产现场进行整顿。

【知识准备】

一、整顿（资讯）

1. 整顿的定义

整顿就是将工作场所内需用的物品按规定定位、定量摆放整齐，并加以明确标示，使物品处于在必要的时候马上就能取出来的状态。

整顿其实就是研究提高效率的一门科学。它研究怎样才可以立即取得物品,以及如何能立即放回原位。任意存放物品并不会让工作速度加快,反而会使寻找时间加倍。你必须思考、分析怎样拿取物品更快,即通过整顿,合理放置物品,并让大家都能理解这套系统,遵照执行。这样：

1）将寻找的时间减少为零。

2）有异常（如丢失、损坏）能马上发现。

3）其他人员也能明白要求和做法，即其他人员也能迅速地找到物品并能放回原处。

4）不同的人去做，结果是一样的（已经标准化)。

2. 整顿要点

（1）总体布局的设计　对作业通道、作业区、流水线的布置进行设计，明确何物放置于何处。布局设计中要充分利用各种颜色进行标示，如红色代表不良品区域，绿色代表合格品区域，斑马色代表禁止区域。

（2）进行分层管理　以预计的使用频率来决定放置场所，在作业区域内只保留最低限度的必要物品，有效地活动空间。此外，企业也可以将使用频率较低的物品设为公用品来达到消减绝对数量的效果。

（3）规定放置方法　放置要便于拿取和先进先出；堆放的高度应有限制，一般不超过1.2m；容易损坏的物品要分隔放置或加防护垫来保管，防止碰撞，并做好防潮、防尘、防锈的三防措施。

（4）将标示的对象、方法明确下来　除了布局的统一以外，还要规定标示对象及方法。如对货架等如何进行标示？如果各部门任意进行标示，有可能出现有些部门没有进行标示或虽然进行了标示但没有统一的情况，反而会令人难以明白。

（5）考虑标示方法的有效性　标示方法是否有效，以能否在规定的时间内找到所需物品为准，否则必须重新考虑标示方法。

3. 整顿的目的

（1）工作场所一目了然　通过整顿，各种物品按规定摆放在指定的区域，并加以明确的标示，使每个人都随时知道要用的东西放在哪里，做到一目了然。

（2）减少、消除寻找物品的时间　采用形迹管理、颜色管理等目视管理的方法，从而保证在30s（秒）之内找到所需的物品。

（3）消除过多的积压物品　通过整顿，使现场要用的物品按“最低配套数”配置，避免了物品积压。当物品低于最低配套数时，及时从仓库加以补充，这样就不会造成由于现场物品过多而占据生产空间。

（4）创造整齐的工作环境　通过整顿，物品摆放合理，井井有条，没有过高、过重、越位现象；员工对机器设备、工具、刀具等都能正确操作和防护；危险物、危险点都有醒目的安全标示和隔离措施，安全有保障，意外有预防，从而创造一个干净、整齐的工作环境。下图所示为某工厂零部件整顿前后的对比情况（左图为整理前，右图为整理后）。

4. 整顿的内容

整顿是研究提高效率的科学，结合作业需要，做好现场分析、规划，把整理好的物品合理化、规范化摆放和储存并加以标示。

整顿的“三要素”是场所、方法、标示（表示和标识）。具体要求见表 3-1。

表 3-1　整顿的“三要素”

要　素	要　求
放置场所	（1）规划场所，100% 设定物品的放置场所 （2）物品的保管要定点、定品、定量 （3）生产线附近只能放真正需要的物品
放置方法	（1）易取 （2）不超出所规定的范围 （3）在放置方法上多下工夫
标示方法	（1）放置场所和物品原则上一对一表示 （2）物品的标示和放置场所的标示 （3）某些标示方法全公司要统一 （4）在标示方法上多下工夫

（1）场所规划　所谓场所规划其实就是一个工厂的平面布局，包括工序流程设计、机台布置、物流动向规划、人流动向规划、物品存放区域规划。场所规划直接指向 5S 的核心——三定：定点、定品、定量。

在一个制造型企业里面，要清楚标示出生产场地、通道、休息室、仓库和物品存放区域等场所，通常采用以下两种方法。

1）地板油漆作业。地板油漆作业就是根据作业区、通道、休息室、仓库等不同的用途来确定场地的区域位置，并根据场所的不同将地板漆成不同的颜色。

常见地板油漆的推荐颜色见表 3-2。当然，这些颜色也不是一成不变的，在确定各区域地板颜色时，还应充分考虑到人的生理、心理因素，不同的颜色给人以不同的重量、空间、冷暖、软硬、清洁等感应效应。如高温车间地板漆成浅蓝、绿蓝、白等冷色，使人感觉清爽；低温车间漆成红、橙、黄等暖色，使人感觉温暖；冶金工厂有些岗位温度高，休息室适宜使用冷色。

表 3-2　作业区地板油漆的推荐颜色

类　别	场　所	颜　色
地板	作业区	绿色
	通道	橙色
	休息室	蓝色
	仓库	灰色

2）引线作战。引线作战就是根据不同的区域确定地板的颜色，并用引线将其区分开。通道和作业区采用区域线；右侧通行、左侧通行采用箭头指引线；设备、工作台等采用定置

线。表3-3给出了常见引线的标示方法。

表3-3　常见引线的标示方法

类　别		颜　色	线宽/cm	线　型
区域线		黄色	10	实线
通行线		黄色	5	实线加箭头
虎纹线		黄色、黑色	10	黄黑相间
斑马线		红色	5	实线
定置线	在制品	黄色或白色	5	实线
	作业台	黄色或白色	5	实线或直角线
	垃圾桶等	黄色或白色	5	虚线
	不合格品、危险品	红色	5	实线

3）车间常见引线的标注要求：

①区域线。区域线通常用于通道和作业区两种情况。用于通道时，应尽量少转弯，避免"L"转角，在转弯处，最好成45°的切角或用圆弧过渡。

②虎纹线。虎纹线是黄黑相间的斜线，用来表示危险地段的警示，如通道上有突出物、横切物、危险地段等；常用于小心触电、小心碰头、小心脚下、小心楼梯、小心台阶、小心机械移动等几种情况的标示。两种颜色间的宽度应相等，一般为100mm，但可根据设备大小和安全标志位置的不同采取不同的宽度，在较小面积上其宽度要适当地缩小，每种颜色的线不能少于两条，斜度与基准面成45°。

下图为虎纹线的应用范例。在机床托板可移动的范围内画上虎纹线表示警示，提醒人们不要随意跨入线内，以免发生安全事故。

③定置线。定置线主要用于在制品放置场所、作业台、台车、周转箱等，一般采用黄色或白色，但不合格品可采用红色。

（2）“三定”原则——定点、定品、定量　物品的保管要定点、定品、定量，这是整顿的关键所在。

1）定点也称定位，指根据物品的使用频率和便利性确定物品的放置位置。将物品的放置位置固定下来，有利于员工养成良好的工作习惯，便于物品的寻找和管理，提高工作效率。使用频率高的物品，放置位置应距离工作场地较近。常用物品的定位方法见表3-4及附图。

表3-4　常用物品的定位方法

物　　品	定位方法
原材料、半成品、成品	这类物品在生产过程中是流动的，对于每个物品来讲，在某一工序完成后，一般不再回到原来摆放的地方，故没有不变的固定摆放位置。因此，需在工序附近指定存放区域，区域与区域之间用区域线分开，以便这类物品到达时分别摆放。摆放时要遵循“先进先出”的原则，保持整齐；物品的边线要与区域线平行或垂直，这样，既使现场整齐美观，又便于清点，而且易于先进先出
机械设备和工作台	设备和工作台通常被固定在指定的位置上，不是特殊情况或进行区域再规划，一般是不移动的。在不移动的情况下，可不用画线定位；对需要移动的机械设备或工作台，需画线定位。常使用的定位手法有： 1）全格法，即依物体的形状用线条框起来。如小型空气压缩机、台车、铲车的定位，一般用黄线或白线将其所在区域框起来 2）直角法，即只定出物体关键角落。如小型工作台、办公桌的定位，有时在四角处用油漆画出定位框或用彩色胶带贴出定置框
各类工具	这类物品在生产中是多次重复使用的物品，通常被存放在各式各样的柜、台、架等固定位置上，便于下次寻找以及作业时的取拿。常用的管理方法有形迹法，就是依物品的形状画出外形轮廓，并定位，便于拿取和存放，参见下图

（续）

物　　品	定 位 方 法
实验仪器设备	在摆放架或存放区划分明确的摆放区域，明确标示，进行分区域定位存放
办公文件	文件定位通常采用斜线管理的方法。首先，将整理后的有用文件按不同的类别装入不同的文件夹，然后以斜线进行定位。这样归位时如果文件不是在原来的位置上，那么斜线就不在一条直线上。同样，如果取用后的文件没有及时归位，那么，斜线之间就会出现空当，从而提醒人们找回文件

2）定品是指摆放确定的物品。要做到定品就必须清楚放在那里的物品是什么。

定品实施要点为：

①确定物品名称，表示放置物本身是什么。

②确定物料架名称，表示这里放置的是什么。

③如果物品要经常搬动，可以用看板来表示。

④物料架的好处是容易更换位置，参见图示。

3）定量即确定保留在工作场所或其附近物品的数量。定量的目的是让库存品可以一眼就看出有多少的量，不是“大概”、“大约”，而是要很清楚地说出有多少。

定量的实施要点为：

①相同的物品在包装方式和数量上应尽量一致。这样做的好处是便于查找和计数。如根据物品的不同特点，在摆放时每行每层数量力求整数以“5”、“10”或其倍数堆码。

②设定标准的量具来取量。这样做的好处是量取方便，节约时间。如一些液体物品采用量杯来计量，粉末状的物品采用专门的量具来计量等。

③明确设定最大库存量和最小库存量。最大库存量——红色，最小库存量——黄色。

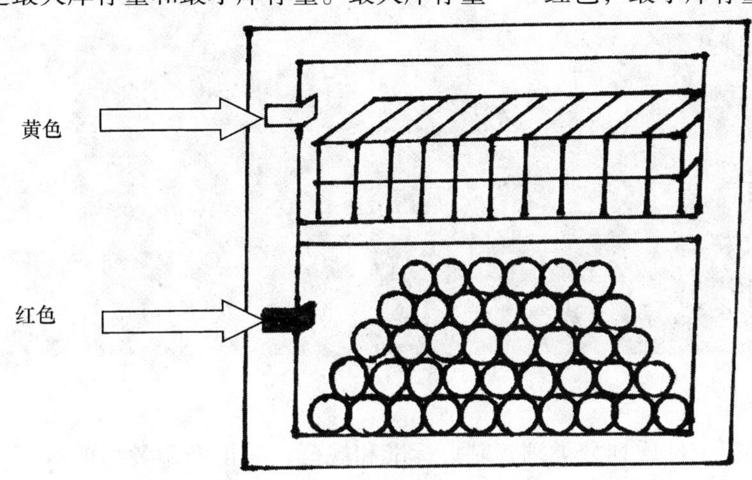

（3）放置方法　放置方法就是确定放置物品的方法，要求使物品能立即取出使用。

整顿多采用定置方法放置物品，包括两种形式，见表3-5。

表3-5　定置放置物品的两种形式

形　式	说　明	
固定位置	场所固定	物品固定放置于区域线内或某一固定位置
	标示固定	物品放置标示保持不变，例如防潮、轻放标示
自由	物品存放具有一定的自由度	适用于不必放回原处、不重复使用的物品，例如原材料、毛坯、零部件和半成品，这些物品按工艺流程在各工序间流动，直到成为成品出厂

另外，物品的放置还要考虑横着放还是竖着放，还是挂起来，以及前后关系、左右关系、上下关系，来确定物品的方向。定方向就是按规定的方向进行管理，即物品的放置方向要一致。

下面以停车场为例加以说明。如有一个被整理、画好区域线的停车场。定位的规定虽是在各个区域内停车就行了，但是如何能进一步做到定方向的规定呢？那就要立一块停车场的牌子，就能决定同一方向的问题。如此一来，停车场就变得非常整齐了。

对于生产现场来说，需要再次确认一下物品的定方向。例如，当钻头放进形迹即根据钻头的形状进行归位时，如果钻头方向统一，就实现了定方向。

（4）标示方法　在生产中使用的物品品种繁多、规格复杂，需要寻找一定的信息来指引，这就需要标示。

标示包括表示和标识。表示是用物品的名称表示物品，标识是对物品的场所、区域进行标示。“表示”张贴在物品上，“标识”张贴在场所也就是位置上。

根据物品特征、性质划分类别，制订标准和规范，并正确命名和标示。

1）标示的种类主要包括表3-6所列的五种。

表3-6　标示的种类

种　类	举　例
区域标示	楼层、车间、厂区标示牌、区域线
类别标示	原材料、半成品、完成品、不良品、合格品分类标示
名称与编号标示	物架编号、机器设备铭牌、花草名称牌
数量标示	堆积高度、存量标示
状态标示	生产、暂停（清扫、维修）等生产状态标示

2）明确标示应注意以下事项：标示类别相同时，规格与制作应统一；根据需要更新标识，保证标示的有效性；必要时，应注明责任人。

5. 整顿的注意事项

（1）杜绝“走过程”、“一阵风”的现象　刚开始整顿时，大家都能按规定摆放好每一件物品，可过了一段时间，又慢慢地乱了起来，回到原先的状态。因此，在5S活动中，必须提高认识，杜绝“走过程”、“一阵风”的现象发生。

（2）注意标示的统一　标示是整顿的最终动作，是物品的身份证。看到标示，就可知道要找的相关物品的信息。因此，相同类别的标示，在公司内要尽可能地做到统一规格大小、统一加工制作。只有自己看得懂，别人看不懂的标识，形同虚设；如果标示做得不好，整顿的效果就会大打折扣。

(3) 摆放位置要相对固定　物品摆放要严格按照设定的区、架、层、位的要求进行规范摆放，不能今天换一个地方，明天又换一个地方，这样不但会造成物品取用困难，增加寻找时间，而且会影响生产周期，造成顾客抱怨。同时，因物品没有及时找到，只好又去重新申请采购，就会增加生产成本。

二、工具类整顿

1. 工装夹具等频繁使用物品的整顿

应重视遵守使用时能“立即取得”，使用后能“立刻归位”的原则。

1）考虑能否将工具放置在作业场所最接近的地方，避免取用和归位时过多地步行和弯腰。

2）在“取用”和“归位”之间，须特别重视“归位”。需要不断地取用、归位的工具，最好用吊挂式或放置在双手展开的最大极限之内。采用插入式或吊挂式“归还原位”时，也要尽量使插入距离最短，挂放方便又安全。

3）要使工具准确归还原位，最好以复印图、颜色、特别记号、嵌入式凹模等方法进行定位。

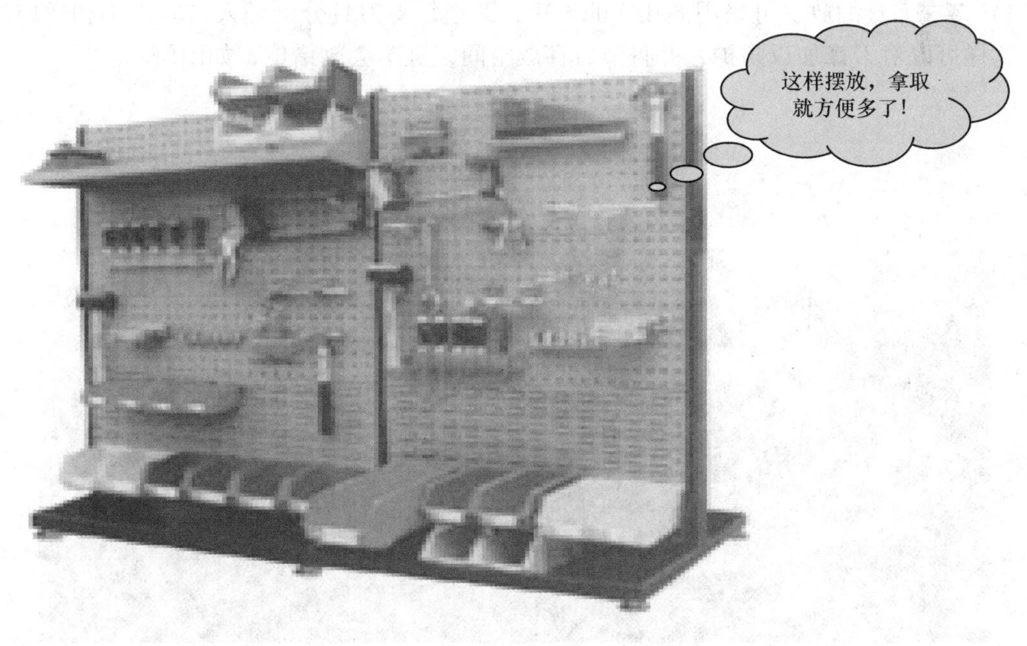

工具最好能够按需要分类管理，如平时使用的锤子、铁钳、扳手等工具，可列入常用工具集中共同使用；个人常用的可以随身携带；对于专用工具，则应独立配套。

2. 切削类工具的整顿

切削类工具需重复使用，且搬动时容易发生损坏，在整顿时应格外小心。

1）经常使用的工具应由个人保存；不常用的工具则尽量减少数量，以通用化为佳。先确定必需的最少数量，再将多余的收起来集中管理。

2）刀锋是刀具的生命，所以在存放时要方向一致，以前后方向直放为宜，最好能采用分格保管或波浪板保管，且避免堆压，如图所示。

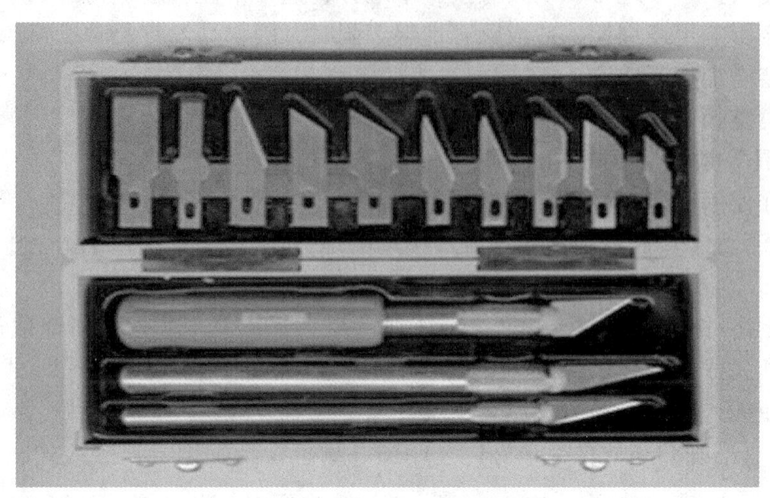

3）多支刀具的放置可采用插孔式的方法，即把每支刀具分别插入与其大小相适应的孔内，这样可以对刀锋加以防护，并且节省存放空间，且不会放错位，如图所示。

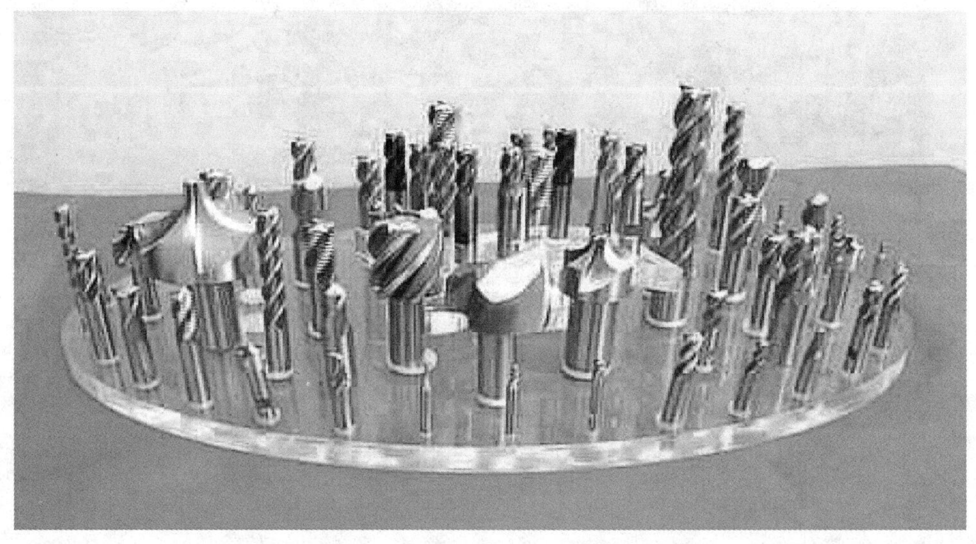

4）对于多片的锯片等刀具可分类型、大小、用途等叠挂起来，并画形迹，易于归位。

5）注意防锈，在抽屉或容器底层铺上易吸油类的绒布。

三、材料的整顿

1. 材料整顿的要点

（1）定量定位存放　先确定材料的存放位置，再决定工序交接点、生产线和生产线之间的中继点所能允许的标准存量和最高存量，设定标准存量的放置界限，如长、宽、高的限定或占用台车数及面积的限定，并明确标示，如图所示。

（2）确保先进先出　现场摆放材料的各类周转箱、台车等，要求边线相互平行或垂直于区域线，保持堆放整齐，便于清点及确保材料先进先出。

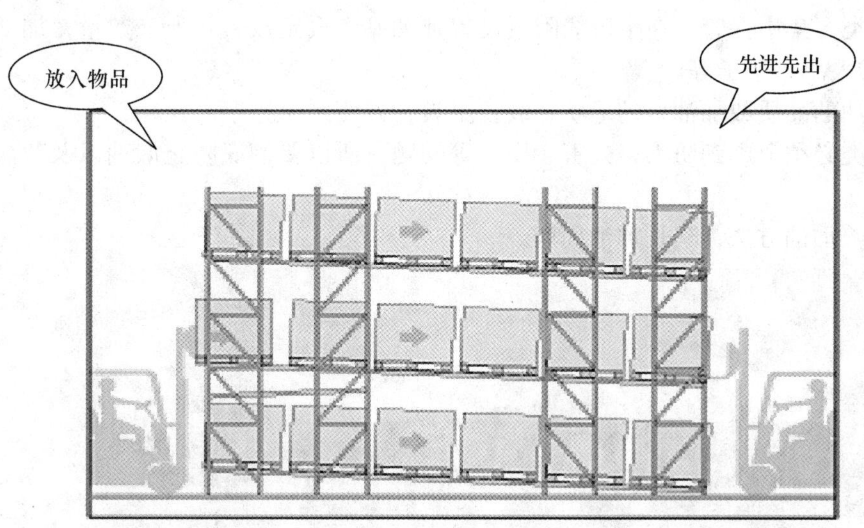

（3）搬运、储存要合理　要防止加工中搬运或装箱时的乱伤、撞击、异品混入等。

（4）不良品要有标示　不良品及返修品，也要设定放置场所，其标示如图所示。

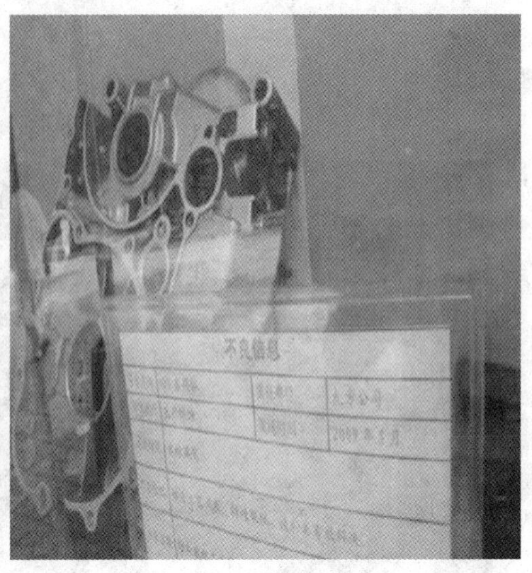

2. 备品、备件的整顿

整顿备品、备件的重点是在保管备品、备件时，就得保持能正常使用的状态，如没有污秽、伤痕、锈蚀等。将这些列为管理重点，并明确设定清楚。

3. 润滑油等油类的整顿

油类的管理、整顿要点包括以下 6 个方面：

1）油的种类要统一，尽量将种类减少。

2）运用颜色管理，配合油的名称及加油周期。利用颜色或形状，以便于轻易分辨使用。

3）油类要集中保管，在生产线附近设置加油站，设定放置场所、数量，加油站的补充规定、容器大小、架子等。

4）依油的品质或加油口的形状，装备工具，方便倒油。

5）油类必须考虑到防火、公害、安全等问题，所以要彻底防止漏油以及灰尘、异物的混入。

6）改善加油方法，延长加油周期。

4. 清扫用具的整顿

（1）放置场所

1）扫把、拖把一般感觉较脏，不要放置在明显处。

2）清扫用具绝对不可放置在配电房或主要出入口处。

（2）放置方法

1）长柄的清扫用具（如扫把、拖把等）用悬挂方式放置。

2）簸箕、垃圾桶等在地面上定位。

5. 消耗品类的整顿

（1）消耗品的整顿要点　消耗品经常散落在生产线附近，其整顿要点如下：

1）为了防止掉落，可用较小的盒子装，且不要装满，画上界限线。

2）在收存时一定要加封盖，不要混入其他类似零件。

3）被捡起的掉落零件，不可再丢入原盒子中，应该丢入落下物集中盒内，以避免发生误使用情况。

（2）弹簧等小物品的整顿　弹簧类容易纠缠在一起的物品，以及垫圈类不易抓取的物品，还有金属轴承等，均严禁出现破损、变形、伤痕等。这类小型物品应以模组成套方式放置，比较容易拿取。

6. 危险物品的整顿

（1）危险物品的存放　危险物品的存放一定要按照危险品的存放要求和标准进行。如某类化学品必须存放在阴凉的地方，又或者某类化学品不能与某类物品一起存放等。所有这些相关的常识，都应该了解清楚。

（2）张贴、说明等　化学用品的存放处应标明使用规定、使用方法及一些注意事项等，附近也应该具备一定的救护措施和张贴一些警示标语，如图所示。

（3）化学品的标示　化学品的标示应该注明化学品的类型、名称、危险情况及安全措施等，如图所示。

（4）穿戴防护用品　使用一些有毒、有害、有腐蚀性及刺激性的化学用品时，必须穿戴好防护衣、手套，以保证安全。不慎将其沾到身体上时，应立即清洗，如感不适时，应马上到就近医院就诊。

四、在制品的整顿

在生产现场，除了设备和材料，在制品是占据生产用地最多的物品。因此，在制品也是生产现场整顿的主要对象。

整顿在制品应考虑以下问题。

1. 严格规定在制品的存放数量和存放位置

确定工序交接点、生产线和生产线之间的中断点所能允许的在制品标准存放量和极限存放量，指定这些标准存放量的放置边界、限高，占据的台车数、面积等，并有清晰的标示以便周知。

2. 在制品堆放整齐，先进先出

在现场堆放的在制品（包括各类载具、搬运车、栈板等）要求始终保持叠放整齐、边线相互平行或垂直于主通道，既能使现场整齐美观，又便于随时清点，确保在制品“先进先出”。

3. 合理的搬运

放置垫板或容器时，应考虑到搬运的方便。可利用传送带或有轮子的容器来搬动。

4. 在制品的整顿管理

在制品存放和移动中，要慎防碰坏刮损，应有缓冲材料间隔以防碰撞，堆放时间稍长的要加盖防尘罩，不可将在制品直接放在地板上。

5. 不良在制品的标示

不良品放置场地应有红色标示。如果将不良品随意堆放，容易发生误用，所以要求员工养成习惯，一旦判定为不良品，应立即将其放置在指定场所。

五、仓库的整顿

以定位、定品、定量来整顿仓库。

1. 定位

1）材料及成品以分区、分架、分层来区分。

2）设置仓库总看板，使相关人员对现况一目了然。

3）搬运工具的定位应以减少寻找时间为宜。

4）严守仓库的门禁和物品的发放时间。

2. 定品

1）标示物料架。

2）标示物品名。

3. 定量

1）相同的物品在包装方式和数量上应尽量一致。

2）设定标准的量具来取量。

3）设定最高限量基准。

【任务实施】

一、整顿活动推行方案（决策）

通过此节内容，使学生能够根据生产现场情况分析生产现状中存在的问题，根据物品特征、性质划分类别，制订标准和规范，并正确命名和标示，确定放置方法，制定整顿活动推行方案，根据所制定的方案现场实施整顿活动。整顿活动推行方案见表3-7。

表3-7　整顿活动推行方案

<table>
<tr><td rowspan="2">方案名称</td><td colspan="3" rowspan="2">整顿活动推行方案</td><td>受控状态</td><td></td></tr>
<tr><td>编　　号</td><td></td></tr>
<tr><td>执行部门</td><td></td><td>监督部门</td><td></td><td>考证部门</td><td></td></tr>
<tr><td colspan="6">一、目的
通过整顿，可以实现必需品的“三定”，快速取得所需之物，以便简捷、有效地完成工作。为推行整顿活动，特制订本推行方案
二、适用范围
本方案适用于生产现场整顿活动的推行
三、推行要领
1）前一步骤整理的工作要落实
2）需要的物品明确放置场所
3）摆放整齐、有条不紊</td></tr>
</table>

（续）

4）地板画线定位
5）场所、物品标示
6）制订废弃物处理办法
四、整顿推行程序
1. 分析现状
分析生产现状中存在的问题
2. 将物品分类
根据物品特征、性质和划分类别，制订标准和规范，并正确命名和标示
3. 确定放置方法
整顿多采用定置方法存放
4. 实施整顿
（1）定置工作场所　制订定置图，清楚标示出生产场地、通道和物品存放区，明确区域责任人；同时，清除与定置不符的物品。在定置工作场所时，要注意以下7点事项：
1）以线条区分通道和作业区域
2）使用胶带或隔板划分物品存放区域，避免混乱堆放
3）明确规定堆放高度
4）不良品应置于明显处，并以红色标示出来
5）及时处理状态不明确物品，以免占用空间
6）危险物品应于指定位置、场所保管
7）如暂时将物品放于定位线外，需树立标牌，标明事由和存放期限
（2）定置生产现场设备工序、工位和机台　制作工序、工位和机台定置图，安置文件架等定置硬件，标明工具、仪表、材料、半成品、机器设备及其他各种用具的定置要求。附件箱、零件货架的编号必须与零件账卡目录一致
（3）定置仓库　设计定置图，按指定地点和要求定置，并保证账、物相符
（4）定置检查现场　检查现场的定置图，根据颜色将检查区域划分为待检查区、良品区、废品区、返修品区和待处理品区
5. 整顿检查考核（略）

编制日期		审核日期		批准日期	
修改标记		修改数量		修改日期	

二、整顿的活动安排（计划）

生产现场整顿的活动安排见表3-8。

表3-8　生产现场整顿的活动安排

活动阶段	具体阶段	负责人
准备阶段		
具体实施阶段		
收尾阶段		

三、现场整顿活动的步骤与内容（实施）

生产现场整顿活动实施表见表3-9。

表 3-9 生产现场整顿活动实施表

现场整顿阶段	具体内容	具体时间
开始阶段	(1)组建整顿小组 (2)确定现场整顿需要达到的目标 (3)制定整顿计划及主要内容	
实施阶段	(1) 分析现状 (2) 将物品分类 (3) 确定储存方法 (4) 实施整顿 1)定置工作场所 2)定置生产现场设备工序、工位和机台 3)定置仓库 4)定置检查现场	
收尾阶段	处理废弃物	

四、现场检查和评估（检查和评估）

1）根据车间整顿检查标准对车间现场整顿进行检查。

2）根据自己任务完成的情况进行自我评估，并提出改进意见。

3）小组对本组在生产车间所推行的整顿活动进行陈述讲解，指导教师和该车间负责人共同对小组工作情况进行评估，并进行点评。

小结

1. 场所规划：

1）作业区。

2）通道区。

3）存放区。

2. 标示：

场所标示 定置线——定置图。

物件标示 设计放置的场所。

标出放置的场所。

物件上应有明显的标示。

3. “三定”原则——定点、定品、定量。整顿的关键在“三定”：

1）定点也称定位，指根据物品的使用频率和便利性确定物品的放置场所。使用频率高的物品，放置位置应距离工作场地较近。

2）定品是对物品、物料架进行标示。

3）定量即确定保留在工作场所或其附近物品的数量。物品数量越少越好，同时保证维持正常的生产秩序。

4. 整顿的效果：

1）整顿的结果要使任何人都能立即取出所需要的东西。

2）要站在新人和其他职场的人的立场来看，什么东西该放在什么地方更为明确。

3）要想办法使物品能立即被取出使用。

4）使用后要能容易恢复到原位；没有恢复到原位或误放时能马上知道。

整顿就是把整理以后留下的物品进行科学合理地布置、摆放和标示。整顿的关键是要总结出适合本公司特点的物品放置方法，要做到定点、定容、定量，推行标准化，尽可能实行目视管理。因为，经过整理后留在系统内的各要素仍然处于无序状态，只有经过整顿后，物品被安置在能发挥作用的场所，系统才能处于稳定，达到有序状态。

案例一

某机械厂整顿的检查考核表见表3-10。

表3-10　某机械厂整顿的检查考核表

项次	检查项目	检查状况	评分标准	得分
1	设备 机器 仪器	（1）破损不堪，不能使用，杂乱放置	0	
		（2）不能使用的集中在一起	1	
		（3）能使用、较脏乱	2	
		（4）能使用，有保养，但不整齐	3	
		（5）摆放整齐、干净，呈最佳状态	4	
2	工具	（1）不能用的工具杂乱放置	0	
		（2）勉强可用的工具多	1	
		（3）均为可用工具，但缺乏保养	2	
		（4）工具有保养，有定位放置	3	
		（5）工具采用目视管理	4	
3	零件	（1）不合格品与合格品堆放在一起	0	
		（2）不合格品虽没及时处理，但有区分及标示	1	
		（3）只有合格品，但保管方法不好	2	
		（4）保管有定位标示	3	
		（5）保管有定位，有图示，任何人都很清楚	4	
4	图样作业标示书	（1）过期与正使用的物品杂放在一起	0	
		（2）不是最新的，且随意摆放	1	
		（3）是最新的，但随意摆放	2	
		（4）有卷宗保管，但无次序	3	
		（5）有目录、次序且整齐，任何人很快能使用	4	
5	文件档案	（1）零乱放置，使用时没法找	0	
		（2）虽显零乱，但可以找得到	1	
		（3）共同文件被定位，集中保管	2	
		（4）以机器处理且容易检索	3	
		（5）明确定位，使用目视管理，任何人都能使用	4	
合　计				
备　注				

案例二

某航空公司“整顿”阶段的成果

某航空公司具备国际水准的航空设备维修和改装能力，客户遍及世界30多家航空公司。在开展5S“整顿”阶段后，现场不必要的设施得到清理；工具、工装、量具等放在了规定位置并有清单图片控制；存放物品的存储箱与存放工装的存储箱被分类存放；维修物品的挂签和记录跟随产品并及时记录；完成整理后的车间现场被拍照并予以明显标示。

该公司推行的5S现场管理活动，坚持小组内部开展5S管理，公司质量部定期考评和指导的方法，通过现场实时实地的交流，细化方式方法，使5S管理理念能够被员工所接受并深入人心。此次5S管理工作得到了公司管理层的高度重视。5S管理被作为改变公司面貌和提高员工素质的良好管理工具得到充分肯定。公司员工对5S工作也非常支持，并纷纷对5S管理献计献策。5S管理项目负责人表示，目前5S管理虽然达到了整顿阶段，但要实现最终目标，需要做的工作还很多。下一步将结合5S管理阶段的提升，对人员进行现场培训。而最重要的也最难做到的是：坚持不懈、持之以恒，让5S成为大家的一种工作习惯，一种素养。

习题

一、选择题

1. 整顿是需要(　　)。

A. 长时间持续　　B. 整顿一两次就可以

C. 领导检查时再做　　D. 积极参与行动

2. 整顿主要是排除(　　)的浪费。

A. 材料　　B. 时间　　C. 人力　　D. 空间

3. 整顿的“3定”原则：(　　)。

A. 定位　　B. 定点　　C. 定品　　D. 定量

4. 整顿的“3要素”(　　)。

A. 场所　　B. 方法　　C. 标示　　D. 标注

5. 物品乱摆放属于5S中(　　)一项处理的内容。

A. 整理　　B. 整顿　　C. 清扫　　D. 清洁

二、简答题

1. 请说出5S中“整顿”的定义、目的、实施要领。

2. 保管员清楚物品在哪里，标示与否并没有关系吗？如果有关，请说出标示的重要性。

3. “三定”原则是什么？其作用是什么？举例说明。

4. 试以某数控加工中心为对象，以组（10人）为单位进行现场考察并整顿材料、整顿工具设备、整顿在制品。

情景四　车间生产现场清扫

经过整理、整顿之后，要用的物品马上就能准确地取出，但是被取出的物品要处于能被正常使用的状态才行，这就是进行清扫的关键所在。因此，那种认为“清扫就是打扫干净而已，最后只会累坏自己”的说法是不对的。总之，清扫就是对环境和设备的维护和点检。

5S 活动从清扫开始，逐步地了解灰尘、脏污、异物、切屑等是引起品质不良、设备故障、灾害等问题的源头。在清扫活动中，通过行动将这些问题一一突破。

【学习目标】

1. 知识目标

掌握清扫的定义、目的、实施方法、注意事项；能够制订活动程序、目标方针，成立推行组织；制定样板区。

2. 技能目标

掌握系统实用的工具与方法，能够对生产现场进行清扫。

【知识准备】

一、清扫的定义（资讯）

清扫即将工作场所及工作用的设备清扫干净，保持工作场所干净、亮丽。

生产现场在生产过程中会产生灰尘、油污、铁屑、垃圾等，从而使现场变脏。脏的现场会使设备精度降低，故障率增大，影响产品质量，使安全事故防不胜防；脏的现场更会影响人们的工作情绪，使人不愿久留。因此，必须通过清扫活动来清除那些脏物，创建一个明快、舒畅的工作环境。

二、清扫的要点

1）自己使用的物品（如设备、工具等）要自己清扫，而不要依赖他人，不增加专门的清扫人员。

2）对设备的清扫应着眼于对设备的维护保养。清扫设备要与设备的点检结合起来，清扫即点检；清扫设备要同时做设备的润滑工作，清扫也是保养。

3）清扫也是为了改善。当清扫地面时，若发现有飞屑和油水泄漏，要查明原因，并采取措施加以改进。

三、清扫的目的

1. 保持良好的工作情绪

不难想象，如果工作场所的环境脏、乱、差、积满灰尘，是很难激起员工的工作热情的，在这样的环境中工作，效率自然会打折扣。因此，必须通过清扫活动来清除那些脏污，创造一个明快、舒畅的工作环境。

2. 稳定产品质量，减少设备故障

企业在生产过程中会产生灰尘、油污、铁屑、垃圾等，从而使现场变得脏污不堪。整理是因为多，整顿是因为乱，而清扫是因为脏。脏的现场会使设备精度降低，故障率增大，影响产品质量，使安全事故防不胜防。而通过清扫，一方面使设备经常得到保养，精度保持稳定；另一方面可以及时发现设备运行过程中的异常，防患于未然，从而在一定的程度上可以稳定产品质量，减少设备故障的发生率。

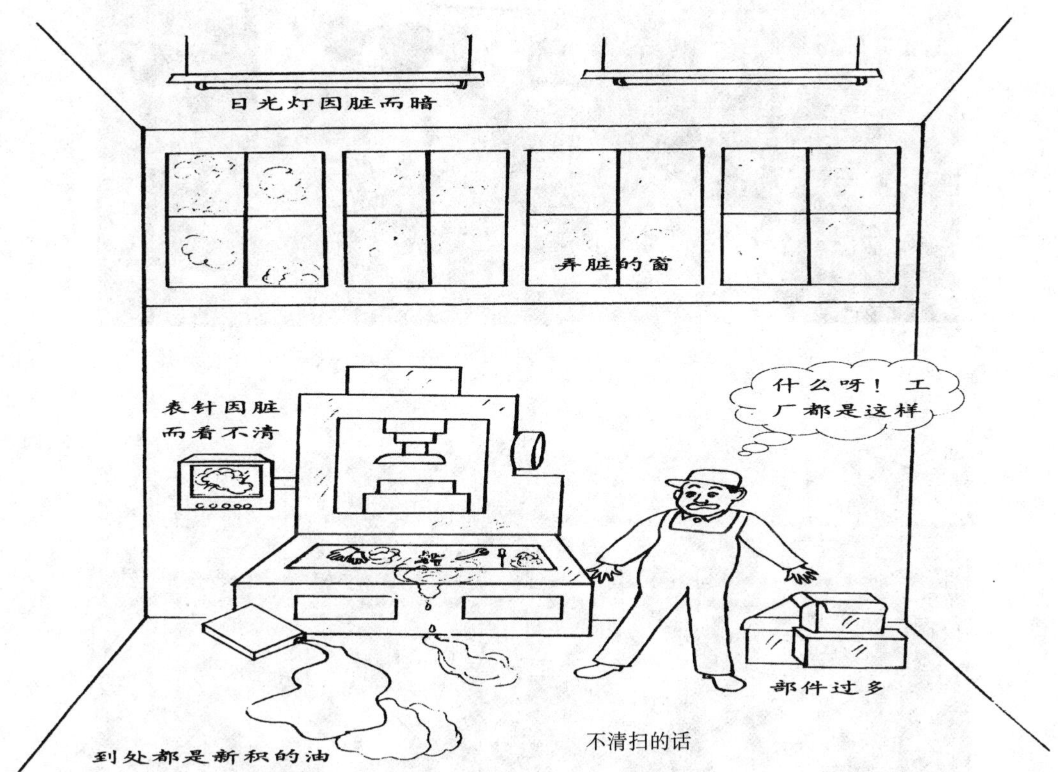

不清扫的话

四、清扫准备

1. 安全教育

对员工做好清扫的安全教育，对可能发生的事故（触电、刮伤碰伤、坠落砸伤、灼伤等不安全因素）进行预防和警示。

2. 设备常识教育

对员工进行设备老化情况、易出现的故障、减少损失的方法等设备常识方面的教育，使他们通过学习了解设备基本构造和设备工作原理，并能够对出现漏油、漏气、震动等异常状况的原因进行分析。

3. 技术准备

事先制定相关的作业指导书，明确清扫工具、清扫位置、加润滑油基本要求、卸除螺钉和紧固螺钉的方法及具体步骤。

五、清扫实施步骤

1. 决定清扫对象

清扫对象有物品放置场所、设备、空间等三类，具体清扫对象见表 4-1。

2. 决定清扫担当者

清扫前要利用公司的平面图，进行责任区域划分，实行区域责任制。各责任区要细化成各自的定置图，责任到人。公共区域（如休息室、会议室）可采用轮值的方式，不应有任何清扫不到的死角，具体操作如下。

表 4-1　清扫对象一览表

分　类	清扫对象
物品放置场所	仓库(制品、零件、材料)、半成品放置处、零件放置处、生产线内放置处、机械设备放置处、冶金工具棚架等
设备	机械设备、搬运工具、冶金工具、车辆、作业台、橱柜、桌子、椅子、备品等
空间	地面、作业区、通道、墙壁、梁柱、天花板、窗户、房间、电灯、会议室、厕所等

（1）编制清扫责任位置图　以平面图的形式把现场的清扫范围划分到各生产车间、各班组，再由各生产车间、各班组划分至个人。公共区域可利用轮值和门前承包的方式进行，具体步骤如下：

1）绘制工作场所位置如下图所示。

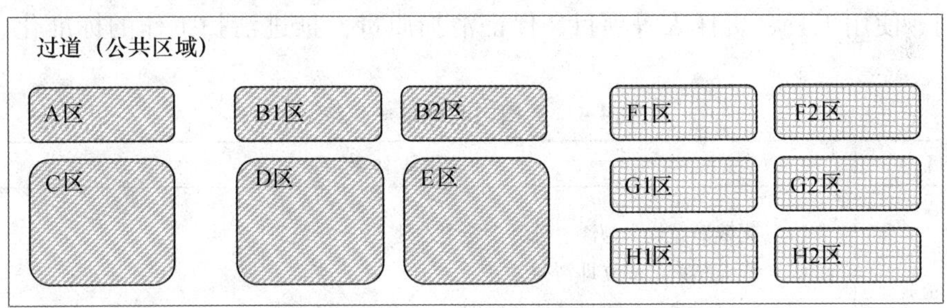

2）将位置图加以区分。

3）分配清扫任务责任者，见表 4-2。

表 4-2　清扫责任者示例

责任区域	责任人	色　别	时　间
A 区	组长	红色	星期一早上 8:00 ~ 8:05
B 区	张三	黄色	星期一早上 8:00 ~ 8:05
C 区	李四	绿色	星期一早上 8:00 ~ 8:05
D 区	王五	蓝色	星期一早上 8:00 ~ 8:05

4）公布在容易看到的地方。

（2）制订清扫日程表　把清扫作业清理出来，予以日程化，特别是共同使用的地方可采用轮流值日制，具体步骤如下：

1）确定共同使用场所，包括会议室、休息室、厕所、图书室等。

2）进行任务分配，明确使用人、责任担当者。

3）将清扫作业清理出来，依程序逐日分配。

4）编制日程表并公告，编制轮值表，责任人间相互传阅，见表 4-3。

表 4-3　清扫轮值表

星　期	责任人	星　期	责任人
星期一	张三	星期四	赵六
星期二	李四	星期五	刘七
星期三	王五		

3. 决定清扫方法

确定经常性清扫的执行者后，接下来是决定清扫的方法，要点如下：

1）养成每天早晨 5min 清扫的习惯。

2）从清扫程序中整理出必需的清扫用具。

3）将其使用方法、使用程序予以明确。

4）准备清扫用具。

4. 建立清扫基准和制度

除了责任到人之外，还需要建立一套清扫的基准和制度，明确清扫对象、方法、重点、程度、周期、使用工具、责任人等项目，保证清扫质量，推进清扫工作的标准化、规范化，见表 4-4。

表 4-4　清扫内容标准一览表

项　目	具体标准
作业台（椅）	（1）无残旧破烂、掉漆、脏污、粉尘之处 （2）作业结束之后立即清扫 （3）无材料余渣、碎屑残留在台面 （4）支架油漆无脱落，夹板粉尘无飞落
货架	（1）每周定期清扫 1 次 （2）物料上架前无剩污，粉尘 （3）入口处有鞋擦垫，走后无鞋印
通道	（1）路面无积水、油污、纸屑、铁屑等 （2）每隔 4h（小时）用湿水拖地 1 次 （3）无灰尘，脏污之处，白纸擦过无脏污
设备	（1）各种标示清晰易辨 （2）作业结束之后立即清扫 （3）电线、气管、油管无脏污、泄漏、破裂
办公台	（1）台面每周清洗 1 次，物品摆放整齐，无积尘 （2）共用办公文具、通信工具每周清洗 1 次 （3）台下的办公垃圾下班前清掉
文件、图样	（1）文件柜、文件夹每月清扫 1 次，无污迹 （2）防潮、防虫、防火措施确实有效

（续）

项　目	具体标准
洗手间	（1）无杂物堆放 （2）排水、换气，照明设施齐全有效 （3）墙壁干净，地面无污水 （4）每天消毒处理 （5）男女标示明显
门窗	（1）无脏污、破烂、乱贴乱画之处 （2）锁扣状态良好，能开能关，确实防止外界粉尘进入 （3）每周清扫1次

例：某机械加工车间清扫标准

（1）每日清扫

1）清扫时间：每次下班前30min。

2）清扫人员分工：操作工负责设备上下及班组区域的清扫。清洁工负责车间主通道及次通道的清扫及铁屑的清除。

3）清扫内容：（略）。

（2）周末清扫

1）清扫时间：周末白班下班前1h（小时）。

2）清扫人员分工：同每日清扫的要求。

3）清扫内容：（略）。

5. 准备清扫用具

整理出来的清扫用具要放置在容易取用、容易归位的地方，准备要点如下。

（1）准备必要的清扫用具以便进行清扫作业　一般的清扫用具有以下3种：

1）扫帚，对于切屑或粉末散落满地的现场，首先用扫帚清扫地板。

2）拖把，主要用于擦拭地板。

3）抹布，作业台、办公桌、机械类等地方原则上使用抹布清扫；灰尘或尘埃多的场合使用湿的抹布，需要磨光或除去油污的地方使用干抹布。

（2）用具要考虑容易取用、容易归位的放置方法　清扫用具的摆放，如扫帚、拖把等应该使用单支悬挂方式，手柄向上，不要杂乱堆放，拖把的拖头下方应放有盛水盆来盛装遗留的污水。污水应及时倒掉，以免引发异味和滋生蚊虫。抹布用完以后应清洗干净，集中于一个地方晾晒，晾干后可叠放于指定柜内。

6. 实施清扫工作

清扫时应注意：

1）断开设备电源。

2）不可用易燃、易挥发有机溶剂，如不能用酒精清洗设备，以免损坏设备或引起火灾。

3）清扫即是点检（包括对设备的清扫、润滑、紧固等）。

4）整修在清扫中发现有问题的地方。

5）查明污染发生源（跑、滴、冒、漏），从根本上解决问题；查明点检（包括对设备的清扫、润滑、紧固等）的困难部位。

7. 检查清扫结果

（1）检查项目　在清扫工作结束之后要进行清扫结果的检查，检查项目有以下几个方面：

1）是否清除了污染源。

2）是否对地面、窗户等地方进行了彻底的清扫和破损修补。

3）是否对机器设备进行了从里到外的、全面的清洗和打扫。

（2）检查方法　在窗框上用手指抹抹看，即大致可以知道工作场所的清扫程度，也可运用白手套检查法。

白手套检查法：清扫检查时，检查人员双手都戴上白色干净的手套。在检查相关的对象之前，先向该工序的责任人员出示手套，检查是否是干净的，然后在该检查对象的相关部位来回刮擦数次，再将手套重新向责任人员出示，由责任人员自己判定清扫结果是否良好。如果手套有明显脏污，则证明清扫工作没做好；反之，则说明清扫符合要求。

灰尘、垃圾清扫状况检查登记表见表4-5。

表4-5　灰尘、清除垃圾检查登记表

部门：　　　　　　　　　　　　　检查者：　　　　　　　　　日期：　　年　月　日

序号	检查点	检查		对策（完成日期）
		是	否	
1	制品仓库里的物品或棚架上是否沾有灰尘			
2	零件材料或棚架上是否沾有灰尘			
3	机器上是否沾满油污或灰尘			
4	机器的周围是否飞散着碎屑或油滴			
5	通道或地板是否清洁			
6	有否执行油漆作业			
7	工厂周围是否有碎屑或铁片			

六、清扫作业要点和方法

1. 清扫地面、墙壁和窗户

在作业环境的清扫中，地面、墙壁和窗户的清扫是必不可少的。在清扫时，要探讨作业现场的最佳清扫方法。

1）了解过去清扫时出现的问题，明确清扫后要达到的目标。

2）清理整顿地面放置的物品，处理不需要的物品。

3）全体人员清扫地面、清除垃圾，将附着的涂料和油污等污垢清除，并分析地面、墙壁、窗户的污垢来源，想办法杜绝污染源，并改进现有的清扫方法。

2. 清扫设备

对设备的清扫应着眼于对设备的维护保养。清扫设备要与设备的点检结合起来，清扫即点检；清扫设备要同时做设备的润滑工作，清扫也是保养。

设备一旦被污染，就容易发生故障，降低精度标准，并缩短使用寿命。为了防止这类情况的发生，必须定期地进行设备和工具等方面的点检，经常细心地进行清扫。

要经常对设备和机械、装置内部进行清扫，不要有死角。要确认每台设备的构造和性能，明确其点检的方法；用棉纱和碎布片等擦拭机械设备，检查脏污的地方；清扫注油口和仪表、表面操作部分的灰尘和污垢。

对设备进行检查时要注意：

1）设备的安装位置是否合适。

2）设备的各个方位是否都有充足的阳光。

3）必要的工装、模具的放置场所是否都已定置。

4）同周围设备之间是否有充足的空间。

5）通道间的隔断对突发事故的发生是否有益。

设备日常保养时要不定期地进行点检，点检的内容包括：

1）不仅设备本身，其附属、辅助设备也要清扫。

2）容易发生跑、冒、滴、漏的部位要重点检查确认。

3）油管、气管、空气压缩机等的看不到的内部结构要特别留意。

4）检查油口周围有无污垢和锈迹。

5）检查表面操作部分有无磨损、污垢和异物。

6）检查传动部分、旋转部分和螺纹联接部分有无松动和磨损。

7）检查传动部分、旋转部分有无发热的现象。

点检设备时会发现不少问题，对发现的问题要及时处理，可以进行以下改进。

1）维修或更换难以读数的仪表装置。

2）添置必要的个人安全防护装置。

3）及时更换绝缘层已老化或损坏的导线。

4）对需要防锈蚀保护或需要润滑的部位，要按照规定及时加油保养。

5）清理堵塞的管道。

6）调查跑、滴、冒、漏的原因，并及时加以处理。

3. 查明污垢的发生源

(1) 污染、泄漏产生的原因

1）管理意识低下——未将污染发生源当作重要的问题来考虑。

2）放任自流——不管污染发生源产生在何处，任其呈现破损及不正常状态。

3）维持困难——由于清扫难度大，所以干脆放弃不管。

4）技术不足——技术的解决方法不足。

(2) 污染发生源调查

1）将污染的对象明确化。在进行发生源调查之前，须先确认是什么污染物。由于污染的种类、形态、严重度、产生量多少等不同，大扫除的方法、调查的方法以及对策也将完全不同。

2）追寻污染发生源。必须追查污染物为什么会发生及确定如何处置，并以认真的态度及有效的方法追根究底。

3）确定污染最严重的重点部位。通过对污染源的调查，将具体的发生部位挂牌标示，其内容包括发生部位、状态、发生量（数字明确标示量化程度）、测定方法、防范方法（防止对策或回收方法）等。

（3）解决对策　污染源解决对策就是思考减少污染发生量或完全不让污染发生的办法，具体对策如下。

1）研讨各种技术，在容易产生粉尘、喷雾、飞屑的部位，装上挡板、覆盖等改善装置，将污染源局部化，以保障作业安全及利于废料收集，减少污染。

2）在设备更换、移位时，同样要将破损处修复。

3）日常的维持管理是相当重要的，对有粘性的废物（如胶纸、不干胶、发泡液等），必须通过收集装置进行收集，以免弄脏地面。

4）在机器擦洗干净后，要仔细地检查给油、油管、油泵、阀门、开关等部位，观察油槽周围有无容易渗入灰尘的间隙或缺口，排气装置、过滤网、开关是否有磨损、泄漏现象。

5）电器控制系统开关、紧固件、指示灯、轴承等部位是否完好。

6）必须思考高效率的杜绝式或收集式去除污染的方法。

表4-6给出了污染源对策。

表4-6　污染源对策

<table>
<tr><th colspan="2">方　式</th><th>具体的处理方法</th><th>改善重点</th></tr>
<tr><td>发生源对策</td><td>杜绝式：不使它发生的方法
（1）不使它发生
（2）消减发生量</td><td>（1）防止滴漏：密封式、封垫方式
（2）防止飞散：门、护盖的形状、飞散方向或形状
（3）松弛、破损的修理
（4）制程设计：无粉尘、密封轴承（无油化）、无研磨
（5）防止堵塞、积存</td><td rowspan="2">（1）去除
（2）擦拭
（3）修理
（4）停止
（5）止住
（6）减低
（7）不积尘
（8）集中
（9）不发散
（10）不携带
（11）切削</td></tr>
<tr><td>清扫困难处对策</td><td>收集式：集中或去除的方法
（1）集中方法
（2）去除方法</td><td>（1）集尘能力、方法的重新修正
（2）去除、回收的方法
（3）扫除道具、收集导板、承油盘形状、大小改善
（4）洗净方法
（5）切削粉的形状、大小、飞散方向、设备本体或基座的形状</td></tr>
</table>

七、清扫的注意事项

1. 不能简单地把清扫看成是打扫

清扫并不仅仅是打扫，而是加工制造过程中的重要组成部分。如对设备的清扫，应着眼于对设备的维护保养。清扫也是为了改善。当清扫地面发现有纸屑和油水泄漏时，要查明原因，堵住脏污的源头，并采取措施加以改进。打扫是表面的，而清扫是深层次的。

2. 清扫不只是清洁工的事

在企业中，不少员工把清扫理解为简单的去灰尘、做表面文章的份外工作，认为公司只要多请几个清洁工就能保持干净，这是一种错误的观念。除了洗手间和一些公众地方（如走廊、楼梯）以外，所有车间、工段、办公桌的清扫工作必须由当事人来做，才能实现清扫的真正目的。尤其是负责设备维护保养的人员，更要注意在设备维护的同时要清扫检查，以便及时发现隐患，及时加以解决。这样做，可以大大地提高设备的运转效率，预防事故的发生，减少不必要的损失。

3. 清扫过后的废弃物要立即处理掉

在清扫过程中，往往会产生大量的废弃物品，对这些废弃物品，要进行分类集中存放，集中处理，能回收残值的尽量回收，不能回收的要立即处理掉，不能为扫干净这个地方，再弄脏另外一个地方。

4. 要注意对过高、过远对象的清扫

在5S清扫活动过程中，往往忽略了对一些过高、过远的对象的清扫，如天花板上的灰尘、悬挂着的吊扇上的污垢、设备的顶端等。仅对一些容易清扫的物品进行清扫，不能真正杜绝脏污的发生，应在清扫过程中加以避免。

【任务实施】

一、生产现场清扫方法（决策）

通过此次课堂教学，使学生能够根据车间生产现场状况来决定清扫的对象、决定清扫担当者、决定清扫方法、建立清扫基准和制度，制定清扫活动推行方案，根据所制订的方案现场实施清扫活动。

1. 清扫的实施方法

（1）抹布作战　抹布作战就是用各种清洁用具对场地、区域进行打扫、去脏的活动。如用扫把、拖把对地面的清扫、拖擦；用抹布对地板、墙壁进行抹擦、清洗；用毛巾、纱布对工作台、办公桌、设备进行擦洗、去脏等。基本原则就是每天都要拿着扫把和抹布进行清扫和擦拭。另外，每季度都要进行一次全员性的大规模的清扫活动，将清扫落实到日常工作之中去，养成工作习惯。

各类清洁用具使用后，应选择不起眼的地方集中摆放，切不可随地乱扔，这样不仅有碍现场美观，同时又给下次清扫增加寻找工具的时间。摆放时，打扫类用具应单支悬挂，手柄向上，不得杂乱堆放；拖把应拧干水分后悬挂，以免弄湿地板；毛巾、纱布应逐块放。用于抹擦机器设备的用具应置于设备附近；用于抹擦办公桌的用具可置于办公桌下方。

（2）设备点检　详情请参阅前面清扫设备的内容。

（3）清扫检查　清扫检查主要由使用该设备的操作人员承担，通常利用人的五官感觉来进行。

1）眼看：用眼睛观察设备的运转，观察是否有异常现象，如漏油、漏水、漏气、变形、偏移、倾斜、变色，环境是否整洁等。

2）耳听：用耳朵分辨机器设备运转过程中声音有无异常现象，如运转噪声、振动噪声和平时比较起来是否超标、有无不同等。

3）鼻闻：工作现场是否有异常气味，如电源短路时的塑料烧焦味、化学品泄漏时的刺激性气味以及垃圾未及时处理所发出的臭味等。

4）手摸：用手去感觉机器运转和停止过程中有什么异常和不同，如振动、发热、螺钉松动、摇摆等。

5）口尝：对于食品加工企业、饮食业，有时会通过用舌来检查食品（物）是否有异味或者变质。

（4）清扫保全　对清扫中发现的问题和异常，要及时地加以修复、改进和调整，以防造成不必要的损失。通常采用“即时保全”和“委托保全”两种方法来加以解决。

1）即时保全：指在清扫过程中发现的问题和异常由现场操作人员采取措施进行维修和改进。对于这种情况，有必要在事先就明确地规定，在什么范围内由操作人员进行自行维修和整改。如螺钉松脱、过程参数调整等。

2）委托保全：对清扫中发现的无法排除的设备故障，由现场操作人员或所在部门填写设备检修单，报请设备检修部门来进行检修。检修中的设备挂红色标示牌；检修好的设备应由使用部门签字验收后方可使用。设备报修单见表4-7。

表4-7　设备报修单

<table>
<tr><td>设备名称</td><td></td><td rowspan="3">故障现象</td><td rowspan="3"></td></tr>
<tr><td>型号规格</td><td></td></tr>
<tr><td>设备编号</td><td></td></tr>
<tr><td>检修申请人</td><td></td><td rowspan="3">故障原因</td><td rowspan="3"></td></tr>
<tr><td>故障部位</td><td></td></tr>
<tr><td>停机时间</td><td></td></tr>
<tr><td>修理人</td><td></td><td rowspan="2">所耗部件</td><td rowspan="2"></td></tr>
<tr><td>维修时间</td><td></td></tr>
</table>

（续）

检修记录：   检修人：　　　日期：
验收记录：   验收人：　　　日期：
备注：

2. 清扫活动推行方案

清扫活动推行方案见表 4-8。

表 4-8　清扫活动推行方案

方案名称	清扫活动推行方案			受控状态	
				编　　号	
执行部门		监督部门		考证部门	
一、目的 为保证工作场所、设备能够彻底清扫干净，保持干净、宽敞、明亮的环境，维护生产安全，特制订本推行方案 二、适用范围 本程序适用于规范生产现场的清扫工作 三、清扫实施程序 1. 决定清扫的对象 2. 决定清扫担当者 清扫前需决定清扫责任人及清扫周期（每天清扫或隔日清扫） 1. 编制清扫责任位置图 2. 制订清扫日程表 3. 决定清扫方法 4. 建立清扫基准和制度 5. 准备清扫用具 6. 实施清扫工作 7. 清扫检查考核					
编制日期		审核日期		批准日期	
修改标记		修改处数		修改日期	

二、生产现场清扫的活动安排（计划）

生产现场清扫的活动安排见表 4-9。

表 4-9　生产现场清扫的活动安排

活动阶段	具体阶段	负责人
准备阶段		
具体实施阶段		
收尾阶段		

三、生产现场清扫的步骤与内容（实施）

生产现场清扫活动的实施步骤与内容，见表 4-10。

表 4-10　生产现场清扫活动的实施步骤与内容

现场清扫阶段	具体内容	具体时间
开始阶段	（1）组建清扫小组 （2）确定现场清扫需要达到的目标 （3）制定清扫计划及主要内容	
实施阶段	（1）决定清扫的对象 （2）决定清扫担当者 （3）决定清扫方法 （4）建立清扫基准和制度 （5）准备清扫用具 （6）实施清扫工作	
收尾阶段	（1）清扫检查 （2）清扫保全	

四、生产现场检查和评估（检查和评估）

1）根据车间清扫检查标准对车间现场清扫进行检查。

2）根据自己任务完成的情况进行自我评估，并提出改进意见。

3）小组对本组在生产车间所推行的清扫活动进行陈述讲解，指导教师和该车间负责人共同对小组工作情况进行评估，并进行点评。

小结

1）清扫是 5S 的基本活动，也是做得最多的事情。

2）没有一项是可以不需要清扫的工作。

3）清扫即是点检。清扫的行为是关心物品、爱护物品，并发现物品的缺陷加以修复的行为。所以，点检和修复是关系密切的活动。清扫是由人彻底地将周围的工作环境打扫干净，它在传统的卫生工作基础上，着重于对设备等的点检维修，以确保生产的正常进行。清扫工作是现场每个员工工作的组成部分，要做到日常化、随时化，是在保持整理、整顿成果的基础上改善现有工作环境，因此，清扫过程又是一个发现问题进而解决问题的过程。

4）清扫过程也是一个保证物品完好的过程。

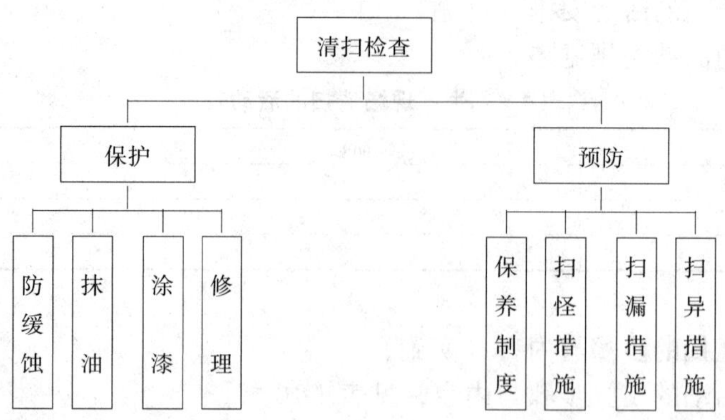

生产现场是一个动态系统，各种生产要素始终处于一种流动的状态，经过一次整理和整顿活动形成的井然有序的生产现场，经过再一次的生产活动，又会形成无序的格局，需要再次恢复正常，因此需要清扫。系统就是不断地进行着从有序到无序再到有序的循环，并在循环过程中对各要素重新进行组合协调，使系统攀升到新的层次。

5）清扫可以使现场成为没有垃圾、没有脏污的环境，虽然物品已经整理、整顿过，想要的物品马上就能取到，但是被取出的物品要处于能被正常使用的状态才行。而达到这样的状态也是清扫的第一目的，尤其目前强调高品质、高附加价值产品的制造，更不容许有垃圾或灰尘的污染，造成产品的不良。

案例一

某机械厂清扫的检查考核表，见表4-11。

表4-11 某机械厂清扫的检查考核表

项次	检查项目	检查状况	评分标准	得分
1	通道	有烟蒂、纸屑、铁屑及其他杂物	0	
		虽无脏物，但地面不平整	1	
		有水污、灰尘	2	
		早上有清扫	3	
		用拖把清洁并定期打蜡，保持光亮	4	
2	作业场所	有烟蒂、纸屑、铁屑及其他杂物	0	
		虽无脏物，但地面不平整	1	
		有水污、灰尘	2	
		零件、材料、包装材料存放不妥	3	
		使用拖把清洁并定期打蜡，保持光亮	4	
3	办公桌 作业台	文件、工具、零件很脏乱	0	
		桌面、作业台布满灰尘	1	
		桌面、作业台面虽干净，但破损未修理	2	
		桌面、作业台面干净整齐	3	
		桌面、椅子及四周均干净亮丽	4	

（续）

项次	检查项目	检查状况	评分标准	得分
4	门窗 墙板 天花板	到处是废旧物品，没有处理	0	
		对废旧物品仅做应急简单处理	1	
		乱贴乱挂不必要的东西	2	
		还算干净	3	
		干净亮丽，很舒爽	4	
5	设备 工具 仪器	生锈	0	
		虽无生锈，但有油污	1	
		有轻微灰尘	2	
		保持干净	3	
		使用中有防止不干净的措施，并随时清理	4	
合　计				
备注				

案例二

某化工公司“5S”管理清扫阶段工作要领及工作布置

一、“5S”管理清扫的推行要领

1）建立清扫责任区（室内、外）。

2）开始一次全公司的大清扫。

3）每个地方清洗干净。

4）调查污染源，予以杜绝或隔离。

5）建立清扫基准并作为规范。

清扫可以使工作和办公现场成为没有垃圾、没有脏污的环境，虽然物品已经整理、整顿过，要的物品马上就能取出，但是被取出的物品要处于能被正常使用的状态。

二、10月9日5S布置工作

1）各部门利用半个月的时间进行一次彻底的大清扫，达到制定的清扫标准。

2）在制定单位清扫标准和责任划分的基础上，把每个岗位人员的日常清扫工作规范及程序制订出来，即让大家知道什么时候应该干什么、怎么干、干到什么程度。

3）10月16日组织开会、检查，10月23日5S推行委员开会，参加检查。

习题

一、选择题

1. 清扫在5S中的要求是（　　）。

A. 有空再清扫就行了　　B. 清扫是5S中的一部分

C. 地、物干净　　D. 生产效率高

2. 5S中重在现场消除脏污的是（　　）。

A. 整理　　B. 清扫　　C. 整顿　　D. 清洁

3. 公司 5S 中的清扫应（　　）。

A. 是日常工作一部分，靠大家持之以恒做下去

B. 第一次有计划地大家做，以后靠干部做

C. 做 4 个月就可以了

D. 车间做就行了

4. 5S 与公司及员工的关系是（　　）。

A. 提高公司形象　　B. 增加工作时间

C. 增加工作负担　　D. 安全有保障

5. 5S 和产品质量的关系是（　　）。

A. 工作方便　　B. 改善品质

C. 增加产量　　D. 没有多少关系

二、简答题

1. 请说出 5S 中“清扫”的定义？

2. 清扫的目的、实施要领是什么？

3. 在实施 5S 的清扫活动时，如何号召全体职工行动起来？例举两种方法。

4. 试以某数控加工中心为对象，以组（10 人）为单位制订方针，现场考察并清扫作业台、物料架、通道、设备、办公台、文件及图样和门窗。

情景五　车间生产现场清洁

清扫以后为什么还要清洁？大部分人都会提这样的问题。答案是：清扫的“扫”与清洁的“洁”是有区别的，“扫”是扫干净，“洁”是指在彻底执行整理、整顿、清扫之后进行认真维护，使现场保持在完美和最佳的状态。清洁不是做表面性的文章，而是对前三项活动的坚持与深入。因此，清洁的重要性与整理、整顿、清扫的重要性是一样的。清洁一方面抑制了“3S”的混乱状态，同时将“3S”培养成一种习惯，从而维持已经完成的“3S”成果，创造一个良好的工作环境，使员工能愉快地工作；消除安全事故发生的根源，这是清洁的最基本要求。

为了达到这个目的，首先要把工作场所的良好状态保持下来，然后经常进行工作场所状态的自主检查，这需要彻底反复地进行整理、整顿、清扫的各个步骤。

【学习目标】

1. 知识目标

掌握清洁的定义、目的、实施方法、注意事项；能够制订活动程序、目标方针、成立推行组织；制定样板区。

2. 技能目标

掌握系统实用的工具与方法，能够对生产现场进行清洁。

【知识准备】

一、清洁的定义（资讯）

清洁将前3S（整理、整顿、清扫）实施的做法制度化、标准化，并贯彻执行和维持成果。

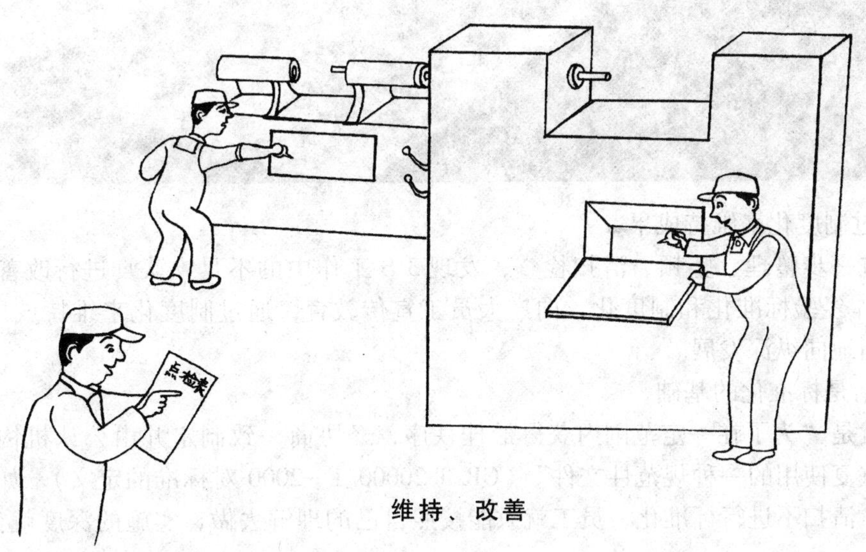

维持、改善

清洁是对前三项活动的坚持与深入，从而消除发生安全事故的根源，创造一个良好的工作环境，使职工能愉快地工作。

二、清洁的要点

1）车间环境不仅要整齐，而且要做到清洁卫生，保证员工身体健康，提高员工的劳动热情。

2）不仅物品要清洁，而且工人本身也要做到清洁，如工作服要清洁、仪表要整洁，及时理发、刮须、修指甲、洗澡等。

3）员工不仅要做到形体上的清洁，而且要做到精神上的“清洁”，待人要讲礼貌、要尊重别人。

4）要使环境不受污染，进一步消除混浊的空气、粉尘、噪声和污染源，消灭职业病。要制度化，定期检查。

三、清洁的目的

1. 维持洁净的状态

整理、整顿、清扫是动作，清洁是结果。即在工作现场进行整理、整顿、清扫过后呈现的状态是清洁；而要保持清洁，就要不断地进行整理、整顿和清扫。工作现场洁净明亮会使人产生愉悦的心情，有利于工作效率的提高和个人潜能的发挥。

2. 通过制度化来维持成果

通过进一步整理、整顿、清扫检查，发现3 S工作中的不足，认真进行改善。将推行3 S好的工作经验标准化和制度化，向广大员工宣传教育，通过制度化来维持成果，使5 S的工作不断地向纵深发展。

3. 清洁是标准化的基础

标准就是“为了在一定范围内获得最佳秩序，经协商一致制定并由公认机构批准，共同使用和重复使用的一种规范性文件”（GB/T 20000. 1—2000 对标准的定义）。如果，对整理、整顿、清扫不进行标准化，员工就只能按照自己的理解去做，实施的深度就会很有限，就只能进行诸如扫地、擦灰、摆放整齐一点之类的事情。大家不妨可以验证一下就不难发现，我们的员工在操作机器时，这一次可能是左手把零件放进去，下一次可能是用右手；这一次可能先加工这个尺寸，下一次可能先加工另外一个尺寸。他们认为这没有什么区别，其实这都是违反工艺操作规程的。违规操作肯定会带来产品不良和工业伤害，因此，彻底地解决现场管理的混乱问题，就应该重视作业的标准化工作，以维持整理、整顿、清扫工作的必要实施标准，避免由于作业方法不正确导致的工作效率过低和可能引起的对设备和人身造成的安全事故。

4. 企业文化开始形成

企业文化是一种现代企业的管理思想和管理模式，体现了企业及其员工的价值准则、经营哲学、行为规范、共同信念，是全体员工共同遵守的准则，并通过员工的行为表现出来。通过5S管理，给企业文化建设注入了新的内涵。

一是有利于企业核心力的形成。企业发展靠核心竞争力，而核心竞争力来源于员工队伍的整体素质。在5S管理的影响下，员工参加各种培训，使技术素质、管理素质得到了提升。

二是有利于团队精神的培养。通过5S管理，企业的知名度和美誉度上升，管理文化的创新、员工行为的规范会塑造良好的企业形象。这些更增强了员工对企业和工作的忠诚度和依赖感，为团队精神的培养埋下良好的种子，必将铸成具有独特魅力的企业之魂。

三是有利于塑造知名品牌形象，为顾客提供直观、可信的产品。5S带来的规范化、制度化、标准化的工作方式，为稳定生产、提高产品质量打下坚实基础，提供有力的保障。

四、清洁的注意事项

1. 清洁不是简单地清扫干净

开展清洁活动时，除将生产现场清扫干净外，还要保证现场没有多余的物品，且物品摆放整齐、标示清楚，即保持前3S活动的工作成果。

2. 清洁的对象应全面化

清洁的对象不仅包括生产现场的各种实物，还包括员工的整体形象，例如团队精神、职业道德等。

3. 实现制度化和标准化

对生产作业现场开展整理、整顿和清扫活动后，为保持其成果，还需通过清洁活动实现制度化和标准化，以推行5S活动。

【任务实施】

一、生产现场清洁措施（决策）

通过此次课堂学习，使学生能够对前3S的推行认真总结，根据生产现场状况进行整理——区分工作区的必需品和非必需品，调查它们的使用周期并记录，向作业者进行确认说明；清除各岗位的非必需品，整顿必需品；清扫并在地板上划出区域线，明确各责任区和责任人；制定相关的标准和制度，以维持已经完成的“3S”成果，制订清洁活动推行方案，根据所制订的方案为现场实施清洁活动。

1. 清洁的实施方法

（1）维持全员的3 S意识　前3S活动只是改善了材料、设备、环境（生产设施）的定位和使用，而作为这些活动的实施者——人还没有真正从思想上接受和养成习惯，一旦松懈，则势必回到原来的混乱状态。所以，清洁阶段的要点是维持，稳住已经取得的改善成果。这就要求设法通过教育培训等方式使员工因“看不惯脏污”而养成整洁的习惯。同时，多使用早（晚）会、企业内部报纸、标贴画、标语、清洁活动周等各种形式来加强员工的5S意识，从而不断维持新鲜的活动气氛。

（2）运用3 S预防措施维护清洁

1）无废弃整理。如果在工作现场发现了不要物品之后马上将其废弃，这是事后的“整理”。与此相反，杜绝不要物品产生的措施就是“无废弃整理”。为了避免不要物品出现库存，最好的方法是实行“零库存”管理。

2）无混乱整顿。采取目视管理、形迹管理等手段将使用过程中被搞乱的物品即时返还和归位，实现“无混乱整顿”。

3）无脏物清扫。清洁就是长时间保持整理、整顿、清扫之后的洁净状态。要进一步的清洁，不是脏了以后进行清扫再保持清洁，而是要防止污染物产生，这就是“无脏物清扫”。例如，在装配电气开关时，装配工随身携带一个塑料桶，将装配过程中产生的废导线、废塑料包装等放进桶里，不让其落到地板上而影响清洁。

（3）前3 S的定期检查　清洁是通过检查3S实施的彻底程度来判断其水平和程度的，一般需制定相应的检查表来进行具体检查。检查中记录清楚出现问题之处，便于责任人整改。

1）检查的标准与重点。清洁的标准包含有三个要素：干净、高效、安全。

清洁检查的重点见表5-1。

表5-1　清洁检查的重点

项目		检查要点
生产现场	整理	（1）是否定期实施红牌作战 （2）零部件摆放是否分类 （3）工作现场是否有多余的零部件、工具 （4）是否有带故障的设备在工作 （5）材料的包装盒、袋用完之后是否仍留在工作现场
	整顿	（1）零部件、半成品、成品、台车、工装夹具和机器设备等摆放区域是否划分和定位清楚，是否合理 （2）通道是否通畅，物品、台车是否越过黄线 （3）零部件、周转箱、台车是否按平行或直角放置整齐 （4）工、量、检具等是否采用目视管理
	清扫	（1）是否按时打扫卫生，地面是否清洁 （2）产品、设备是否附着灰尘 （3）上班前是否进行工作准备（工具、材料清理） （4）作业结束，下班后各工作岗位有无清扫
仓库	整理	（1）是否定期实施红牌作战 （2）合格品和不合格品是否区分和定位清楚 （3）不合格品摆放是否整齐，是否定期处理 （4）货架大小与摆放场所是否相协调 （5）所有物品的账、卡、物是否一致

（续）

项　目		检查要点
仓库	整顿	（1）物品、台车等摆放区域是否划分和定位清楚 （2）通道是否通畅，物品、台车是否越过黄线 （3）物品是否按平行或直角放置整齐 （4）所有的物品是否标示清楚 （5）物品是否按“重低轻高”的原则摆放 （6）物品是否执行“先进先出”原则
	清扫	（1）是否按时打扫卫生，地面是否清洁 （2）是否只清扫货物不清扫货架 （3）是否布满灰尘，脏污
公共场所	整理	（1）空间规划是否合理 （2）消防通道是否堵塞 （3）照明设施是否齐全 （4）洗手间标识是否清楚 （5）区域、场所有无标示 （6）物品有无定位、定置 （7）消防通道是否明确
	清扫	（8）玻璃坏掉，是否有人修理 （9）门、窗、墙是否被乱涂乱画 （10）墙壁是否发黑，地面是否脏污不堪 （11）是否有人定期进行必要的清洁、消毒

2）检查表的制作。在开始时，要对清洁度进行检查，制定出详细的明细检查表，以明确“清洁的状态”。

①检查有哪些不要的东西（整理）。

在3S之后，应在身边周围检查是否有不要的物品，具体操作可运用表格的形式进行，见表5-2。

表5-2　整理检查表

部门：　　　　　　　　　　　　检查者：　　　　　　　　　　日期：　　年　月　日

序号	检查要点	检查		对策（完成日期）
		是	否	
1	放置场所是否有不要的东西			
2	通道上是否放置不要的东西			
3	是否有不要的机械			
4	物料架上下是否有不要的东西			
5	机械周边或下面是否有不要的东西			
6	……			
7	……			
8	……			
9	……			

废弃物品需编制一览表并处理，要点为：库存与设备是公司的资产，个人不能任意处理，编制废弃库存品、废弃设备一览表，一定要全数显示，与财务责任人协商后处理。不要的库存品一览表见表5-3。不要的设备一览表见表5-4。

表5-3　不要的库存品一览表

部门：　　　　　　　　　　　　检查者：　　　　　　　　　　　日期：

序号	品名	规格	数量	单位	金额	不要品区分	价　值	备　　注

表5-4　不要的设备一览表

部门：　　　　　　　　　　　　检查者：　　　　　　　　　　　日期：

序号	设备名	设备区分	资产号	数量	单价	取得金额	设备日期	累计折旧	账册	设备场所	备注

②检查物品的放置方法（整顿）。

物品放置方法的检查要点见表5-5。

表5-5　物品放置方法的检查要点

部门：　　　　　　　　　　　　检查者：　　　　　　　　　　　日期：　　年　月　日

序号	检查要点	检查		对策（完成日期）
		是	否	
1	制品放置场所是否显得零乱			
2	装配品放置场所是否做好三定（定位、定品、定量）			
3	零件、材料放置是否做好三定（定位、定品、定量）			
4	画线是否已完成80%以上			
5	冶金工具存放是否以开放式来处理			
6	冶金工具是否显得零乱			
7	模具放置场所是否可以一目了然			
8	……			

③消除灰尘、垃圾的检查要点（清扫）。

在窗框用手指抹抹看，即可大致知道工作场所的清扫程度，也可运用“白手套检查法”。清除灰尘、垃圾检查表见表5-6。

表 5-6　清除灰尘、垃圾检查表

部门:　　　　　　　　　　　　　　检查者:　　　　　　　　　　日期:　　年　月　日

序号	检 查 要 点	检　查		对策（完成日期）
		是	否	
1	制品仓库里的物品或棚架上是否沾有灰尘			
2	零件材料或棚架上是否沾有灰尘			
3	机器上是否沾满油污或灰尘			
4	机器的周围是否飞散着碎屑或油滴			
5	通道或地板是否清洁亮丽			
6	有否执行油漆作战			
7	工厂周围是否有碎屑或铁片			

(4) 环境色彩化　厂房、车间、设备等色彩需鲜明，标示需准确，应具有很强的视觉冲击力。

(5) 透明化管理　拆除不透明金属板，改用玻璃或安装透明的检查窗口。

(6) 标准化　将整理、整顿、清扫工作标准化，统一员工行为，维持前 3S 活动实施的成果，避免安全事故，提高工作效率。

标准化的内容包括以下五点：

1) 工作现场地板的清洁程序、方法和清洁状态。

2) 确定区域和界线，规定完成后的状态。

3) 设备的清扫、检查的进程和完成后的状态。

4) 设备的动力部分、传动部分、润滑油、油压、气压等部位的清扫、检查进程及完成后的状态。

5) 公司的清扫计划和责任区，规定清扫实施后及日常检查方法。

(7) 制度化

1) 制度化主要包括环境维护、设备管理、作业方法、现场巡视和考核评价的制度化，以及实行区域清扫制度化。

2) 区域清扫制度化的内容包括以下五点：

①员工负责的区域超过三项，制定责任表，每日确认。

②明确每项工作的要点和检查评价基准。

③由班组长审核当天实施情况，填表确认。

④部门主管定时确认班组实施情况，并确认。

⑤结合工作清单，确认员工工作状况。

2. 清洁活动推行方案

清洁活动推行方案见表 5-7。

表 5-7　清洁活动推行方案

<table>
<tr><td rowspan="2">制度名称</td><td colspan="3" rowspan="2">清洁活动推行方案</td><td>受控状态</td><td></td></tr>
<tr><td>编号</td><td></td></tr>
<tr><td>执行部门</td><td></td><td>监督部门</td><td></td><td>考证部门</td><td></td></tr>
<tr><td colspan="6">一、目的
整理、整顿、清扫的最终结果是形成清洁的作业环境。为使清扫后的状态能够长时间保持，特制订本推行方案
二、适用范围
本程序适用于生产现场的清洁活动的推行
三、清洁活动推行程序
清洁活动推行程序如图所示
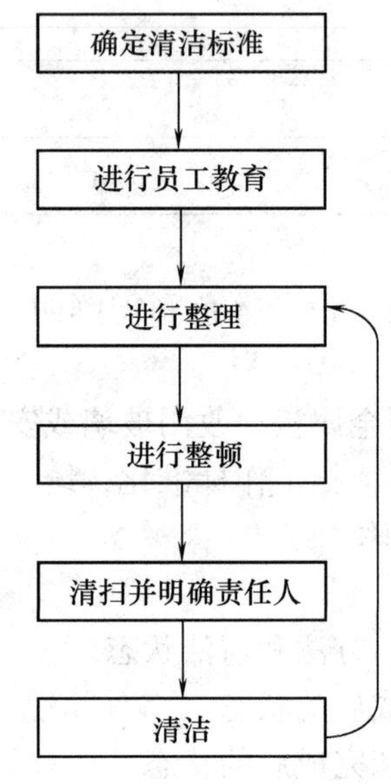

四、清洁检查考核　（略）</td></tr>
<tr><td>编制日期</td><td></td><td>审核日期</td><td></td><td>批准日期</td><td></td></tr>
<tr><td>修改标记</td><td></td><td>修改处数</td><td></td><td>修改日期</td><td></td></tr>
</table>

二、生产现场清洁活动安排（计划）

生产现场清洁的活动安排见表 5-8。

表 5-8　生产现场清洁的活动安排

活 动 阶 段	具 体 阶 段	负 责 人
准备阶段		
具体实施阶段		
收尾阶段		

三、生产现场清洁的步骤与实施（实施）

生产现场清洁活动的实施步骤与内容见表 5-9。

表 5-9　现场清洁活动的实施步骤与内容

现场清扫阶段	具 体 内 容	具体时间
开始阶段	（1）组建清洁小组 （2）确定现场清洁需要达到的目标 （3）制定清洁计划及主要内容	
实施阶段	（1）确定清洁标准 （2）进行员工教育 （3）进行整理 （4）进行整顿 （5）清扫并明确责任人 （6）清洁	
收尾阶段	清理废弃物	

四、生产现场检查和评估（检查和评估）

1）根据车间清洁检查标准对车间现场清洁进行检查。

2）根据自己任务完成的情况进行自我评估，并提出改进意见。

3）小组对本组在生产车间所推行的清洁活动进行陈述讲解，指导教师和该车间负责人共同对小组工作情况进行评估，并进行点评。

小结

1. 清洁是指重复不断地整理、整顿、清扫后应该有的状态。
2. 要维持5S标准化的状态，就要在管理方法上“下功夫”。
3. 目视方式最有效率，要彻底研究目视化管理的技巧。
4. 清洁不仅仅是“清净整洁”，而且还包括“美化正常”。

在环境良好的生产现场高效率地生产高质量的产品是现场管理的基本要求，因此要通过清洁来对整理、整顿、清扫之后的工作成果进行认真维护，使现场保持完美和最佳状态。清洁是对前三项活动的坚持和深入，是一种随时随地的工作，并且需要持之以恒，贵在坚持。

清洁是一种进行保持的日常活动，需要制订文字化的实施程序来进行工作指导并严格遵守。如果没有对系统的清洁活动，经过整理、整顿等所做的努力将有可能化为泡影，因此它是系统为保持自身的稳定和有序而进行的一种自我约束，具有很强的目的性。

案例

某机械厂清洁检查考核表见表 5-10。

表 5-10　某机械厂清洁检查考核表

项次	检查项目	检 查 状 况	评分标准	得分
1	通道作业区	（1）没有划分	0	
		（2）有划分	1	
		（3）画线感觉尚可	2	
		（4）画线清楚，地面有清扫	3	
		（5）通道及作业区感觉很舒畅	4	

（续）

项次	检查项目	检 查 状 况	评分标准	得分
2	地面	（1）有油污或水	0	
		（2）有油污或水，显得不干净	1	
		（3）不是很平	2	
		（4）经常清理，没有脏物	3	
		（5）地面干净亮丽，感觉舒服	4	
3	办公桌 作业台 椅子 架子	（1）很脏乱	0	
		（2）偶尔清理	1	
		（3）虽有清理，但还显脏乱	2	
		（4）自己感觉很好	3	
		（5）任何人都会觉得很舒服	4	
4	洗手台 厕所等	（1）容器或设备脏乱	0	
		（2）破损未修补	1	
		（3）有清理，没异味	2	
		（4）经常清理，没异味	3	
		（5）干净亮丽，还加以装饰，感觉舒服	4	
5	储物室	（1）阴暗潮湿	0	
		（2）虽阴湿，但可通风	1	
		（3）照明不足	2	
		（4）照明适度，通风好，感觉清爽	3	
		（5）干干净净，整整齐齐，感觉舒服	4	
合计				
备注				

习题

简答题

1. 5 S 中清洁的定义是什么？

2. 清扫与清洁的区别是什么？

3. 5 S 中清洁的目的、实施要领是什么？

4. 如何有效地实施清洁活动？举例说明。

5. 试以某数控加工中心为对象，制订清洁活动推行方案、现场清洁管理制度及 4 S 活动检查内容。

情景六　车间生产现场标准化管理

任务一　目视化管理

随着世界经济全球一体化趋势的日益明显，按国际惯例办事、积极参与国际经济竞争与合作，已成为世界经济发展的客观要求。在企业中明确提出的标准化现场管理是我国企业近年来在管理理论和实践中倡导的一种新的管理理念，是企业管理发展到相对高级阶段的需要，也是企业不断提高效益、增强竞争力的重要策略之一。所谓“标准化”就是指，对实际的或潜在的问题指定共同的和重复使用的规则活动，从而获得最佳秩序。对工业企业而言，标准就是“眼睛”。当前，国际经济领域流行着一种说法：“三流的企业做产品，二流的企业做品牌，一流的企业做标准”。谁掌握了某类产品标准的制订权，谁就抓住了该产品行业的“指挥棒”。可见，“企业标准化”在现代企业中有着举足轻重的地位。

当现场情况基本趋于稳定时，把推行现场管理所积累的知识用文件记录下来并实施教育培训，把要做的事放进制度或流程让所有的员工与主管都按要求执行，这时生产现场管理的标准化就出现了。

【学习目标】

1. 知识目标

掌握目视管理的定义、作用、水准、特点、类型及推行目视管理的基本要求。

2. 技能目标

能够制订目视管理推行活动方案。

【知识准备】

一、标准化管理（资讯）

GB/T 20000. 1—2002《标准化工作指南　第 1 部分：标准化和相关活动的通用词汇》中对标准化的定义是：为了在一定范围内获得最佳秩序，对现实问题或潜在问题制定共同使用和重复使用的条款的活动。

技术标准是对技术活动中，需要统一协调的事物制定的技术准则。它是根据不同时期的科学技术水平和实践经验，针对具有普遍性和重复出现的技术问题提出的最佳解决方案。

管理标准是企业为了保证和提高产品质量，实现总的质量目标而规定的各方面经营管理活动、管理业务的具体标准。

若按发生作用的范围分，标准又可分为国际标准、国家标准和企业标准；以生产过程的地位分，标准又分为原材料标准、零部件标准、工艺和工艺装备标准、产品标准等。在标准化工作中，通常把标准归纳为：基础标准、产品标准、方法标准和卫生安全标准。

1. 企业标准化

企业里各种各样的规范（如规程、规定、规则、标准、要领等）形成的文字化的东西统称为标准（或称标准书）。制定企业标准，而后依企业标准付诸行动则称之为企业标准化。那些认为编制或制定了标准就已完成企业标准化的观点是错误的，只有经过指导、训练、实施才能算是实施了企业标准化。

改善创新与标准化是企业提升管理水平的两大“轮子”。改善创新是使企业管理水平不断提升的驱动力，而企业标准化则是防止企业管理水平下滑的制动力。没有企业标准化，企业不可能维持较高的管理水平。

2. 企业标准化的四大目的

在工厂里，所谓“制造”就是以规定的成本、规定的工时，生产出品质均匀、符合规格的产品。如果制造现场的作业（如工序的前后次序）随意变更，或作业方法、作业条件随人而异有所改变，一般无法生产出符合上述目的的产品。因此，必须对作业流程、作业方法、作业条件加以规定并贯彻执行，使之标准化。企业标准化有以下四大目的：技术储备、提高效率、防止再发生、教育训练。

企业标准化的作用主要是把企业内的成员所积累的技术、经验，通过文件的方式来加以保存，而不会因为人员的流动使整个技术、经验跟着流失。这样就做到个人知道多少，组织就知道多少，也就是将个人的经验（财富）转化为企业的财富。更因为已经标准化，每一项工作即使换了不同的人来操作，也不会因为人的不同，在效率与品质上出现太大的差异。

如果没有企业标准化，老员工离职时，会将所有解决曾经发生过问题的对应方法、作业技巧等宝贵经验带走，新员工有可能遇到以前的问题而无法解决；即便在交接时已有传授，但凭记忆很难完全记住。没有企业标准化，不同的师傅将带出不同的徒弟，其工作结果的一致性无法保证。

3. 良好的企业标准制订要求

国内许多企业都有这样或那样的企业标准，但仔细分析会发现：许多企业标准存在操作性差、不明确等问题。例如，“要求冷却水流量适中”，什么是流量适中？不可操作。“要求小心地插入”，什么是“小心”？不可理解。其实，一个好的企业标准的制定是有要求的，要满足以下 6 点：

（1）目标指向　企业标准必须是面对目标的，即遵循企业标准总是能保持生产出相同品质产品的能力和水平。因此，与目标无关的词语、内容请勿出现。

（2）显示原因和结果　比如“安全地上紧螺钉”，这是一个结果，应该描述如何上紧螺钉。又比如“焊接厚度应是 3μm”，这是一个结果，应该描述为：“焊接工使用 3.0A 电流 20min 来获得 3.0μm 的厚度”。

（3）准确　要避免抽象，“上紧螺钉时要小心”，什么是要小心？这样模糊的词语不宜出现。

（4）数量化，具体　每个读企业标准的人必须能以相同的方式解释企业标准。为了达到这一点，企业标准中应该多使用图和数字来说明主题。例如，使用一个更量化的表达方式，“使用离心机 A 以 100 +/ -50r/min 转动 5 ~6min 的脱水材料‘来代替’脱水材料”的表达。

（5）现实　标准必须是现实的，即具有可操作性。标准的可操作性非常重要。可操作性差是国内许多企业标准的缺点。在许多企业车间的墙上都有操作规程、设备保养等规章制度，比较一下下面两个例子，感受一下什么是可操作性。

一个例子是，国内某企业的《空气压缩机操作规程》：1. 操作人员应熟悉操作指南，开机前应检查油位、油位计；2. 检查设定值，将压缩机运行几分钟，检查是否能正常工作；3. 定期检查显示屏上的读数和信息；4. 检查加载过程中冷凝液的排放情况，检查空气过滤器、保养指示器、停机后排放冷凝液等；5. 当压力低于或高于主要参数表中限定值时，机组不能运行。

另一个例子是某外资企业设备点检表，见表6-1。

表6-1　某外资企业设备点检表

部门	编号	设备名称	内容	点检周期	点检分工			设备状态		点检方法					点检标准	备注
					1级	2级	3级	运行	停止	目视	手摸	听音	敲诊	测量		

现场管理的方法有很多，所涉及的面也很大，但现场管理工作是任何方法运行的依托，现场管理的升级之路必须从抓好现场管理工作入手，现场管理者在管理工作中需“十个指头弹钢琴”，既注重追求生产方面的显性绩效数据，又要花“大力气”抓好生产现场管理工作。

认真抓好生产的现场管理是很重要的。企业的生产要以现场为中心。在现今的生产经营活动中，国内外的一些大公司都是非常重视产品质量的，而且都明白产品质量是生产环节中产生的，是制造出来的而不是检验出来的。搞好现场管理的标准化作业工作，对提高产品质量，提高员工的责任感、荣誉感，提高企业竞争力，都具有深远的现实意义。

二、目视管理

1. 目视管理（Visual Management）的三个发展阶段

随着科技发展及社会生产水平的提高，先后出现了三种不同的生产方式：①大批量的生产方式；②多品种少量的生产方式；③柔性生产方式。

为了适应这些不同的生产方式，目视管理借助了一些先进的管理方式以及网络技术，也出现了三个发展阶段的变化。

第一个阶段：少品种大批量生产（做固定型自动化）阶段。

这个阶段的特点是事后对策，对异常、特殊情况等进行不同的管理，还要强调产品质量、生产成本、招集、服务这些项目。这种少品种大批量的生产有体系、产量大、品种少，大多数工作是在长期、重复地进行某一零件的、某一工序的加工，经常“就事论事”。所以，它在手法上必须活用目视管理，甚至相关目视管理还要做到越简单越好。

第二个阶段：强调多品种而又少量生产（灵活型自动化）。

它有几个特点，即系统化、全员参与，集中、物流、原料等几种不同的管理。它的缺点是产品品种多样、复杂，所以，数据处理得也比较慢，必须靠人为的决策。

第三个阶段：变种变量生产（柔性自动化）。

它有几个特点，即事前管理、员流管理、成本经营、通信技术多媒体的运用，国际化大生产。但是，也有几个缺点，就是复杂化，它必须运用计算机和靠网络来支持。所以，变种变量生产的手法是比较复杂的。比方说人的五官要活用，就是说不但要用眼睛去看，还要用触觉、嗅觉去感觉。

2. 什么是目视管理

目视管理是利用形象直观而又色彩适宜的各种视觉感知信息来组织现场生产活动，达到提高劳动生产率的一种管理手段，也是一种利用视觉来进行管理的科学方法。

目视管理是一种以公开化和视觉显示为特征的管理方式。目视管理综合运用了管理学、生理学、心理学、社会学等多学科的研究成果。

3. 目视管理的优点

（1）有利于提高工作效率　目视管理形象直观。现场管理人员组织、指挥生产，实质是在发布各种信息。操作人员有秩序地进行生产作业，就是接收信息后采取行动的过程。在机器生产条件下，生产系统高速运转，要求信息传递和处理既快又准。如果与每个操作人员有关的信息都要由管理人员直接传达，那么拥有成百上千工人的生产现场需要配备的管理人员太多了。

目视管理为解决这个问题找到了简捷之路。操作人员接受信息最常用的感觉器官是眼、耳和神经末梢，其中又以视觉最为普遍。可以发出视觉信号的手段有仪器、电视、信号灯、标示牌、图表等。其特点是形象直观，容易认读和识别，简单方便。在有条件的岗位，充分利用视觉信号显示手段可以迅速而准确地传递信息，无需管理人员现场指挥即可有效地组织生产。

（2）有利于发挥激励作用　目视管理透明度高，便于现场人员互相监督。实行目视管理对生产作业的各种要求可以做到公开化。干什么、怎样干、干多少、什么时间干、在何处干等问题一目了然，这就有利于员工默契配合、互相监督，使违反劳动纪律的现象不容易隐藏。

例如，根据不同车间和工种的特点，规定不同岗位员工穿戴不同的工作服和工作帽，很容易使那些擅离职守、串岗聊天的人处于众目睽睽之下，促其自我约束，逐渐养成良好习惯。又如，有些地方对企业实行了挂牌制度，单位经过考核，按优秀、良好、较差、劣等四个等级挂上不同颜色的标示牌；个人经过考核，合格者佩戴不同颜色的臂章，不合格者无标示。这样，目视管理就能起到鼓励先进、鞭策后进的激励作用。

总之，“大机器生产”既要求有严格的管理，又需要培养人们自主管理、自我控制的习惯与能力。目视管理为此提供了有效的具体方式。

（3）有利于产生良好的生理和心理效应　对于改善生产条件和环境，人们往往比较注意从物质技术方面着手，而忽视现场人员生理、心理和社会特点。例如，控制机器设备和生产流程的仪器、仪表必须配齐，这是加强现场管理不可缺少的物质条件。

如果要问：哪种形状的刻度表容易认读，数字和字母的线条粗细的比例多少才最好，白底黑字是否优于黑底白字等等，人们对此一般考虑不多。然而这些却是降低误读率、减少事故所必须认真考虑的生理和心理需要。又如，谁都承认车间环境必须干净整洁，但是，不同车间（如机加工车间和热处理车间）的墙壁是否应“四白落地”，还是采用不同的颜色？什么颜色最适宜？诸如此类的色彩问题也与人们的生理、心理和社会特征有关。

目视管理的优点在于，它十分重视综合运用管理学、生理学、心理学和社会学等多学科的研究成果，能够比较科学地改善同现场人员视觉感知有关的各种环境因素，使之既符合现代技术要求，又适应人们的生理和心理特点。这样，就会产生良好的生理和心理效应，调动并保护工人的生产积极性。

4. 目视管理的水准

目视管理可以分为3个水准：

1）初级水准，有表示，能明白现在的状态。

2）中级水准，谁都能判断是否良好。

3）高级水准，管理方法（异常处理等）都列明。

5. 目视管理三要点

1）无论是谁都能判明是好是坏（异常）。

2）能迅速判断，精度高。

3）判断结果不会因人而异。

6. 目视管理的目的

目视管理的目的：以视觉信号为基本手段、以公开化为基本原则，尽可能地将管理者的要求和意图让大家都看得见，借以推动看得见的管理、自主管理、自我控制。

【任务实施】

一、目视管理的类型（决策）

1. 红牌

红牌指5S红牌作战时所使用的红牌，适宜于5S中的整理工作，是改善的基础起点，用来区分日常生产活动中非必需品。挂红牌的活动又称为红牌作战。

2. 看板

看板指的是在管理中所使用的看板。看板用于5S的看板作战中，是物品的放置场所等基本状况的表示板，用来标示物品的具体位置在哪里、做什么用、数量多少、谁负责及谁来管理等重要的项目，让人一看就明白。目视管理强调的是透明化、公开化的管理形式，它有一个先决的条件，那就是消除黑箱作业，如图所示。

3. 信号灯或者异常信号灯

在生产现场，第一线的管理人员必须随时知道机器是否正常起动，作业人员是否在正常地作业。信号灯是工序内发生异常时，用于通知管理人员的工具，如图所示。

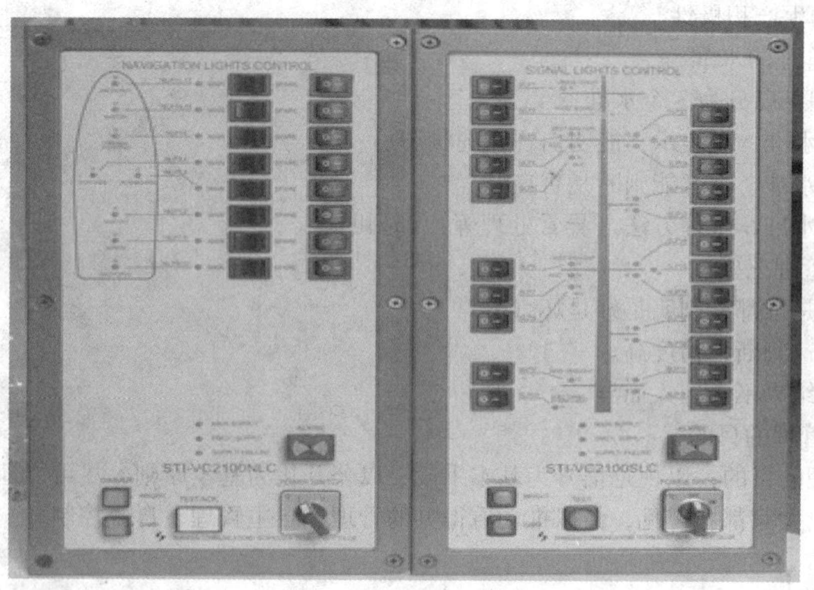

信号灯的种类：

（1）发音信号灯　适用于物料请求通知，当工序内物料用完，或者该供需时信号灯亮了，扬声器马上会通知搬送人员立刻及时地供应。所有的工厂的主管应知道，信号灯必须能够随时亮起，信号灯是看板管理中的一个重要的项目。

（2）异常信号灯　用于产品质量不良及作业异常等异常情况发生的场合，通常安装在大型工厂的较长的生产、装配流水线上。

一般设置红或黄两种颜色的信号灯，由员工来控制。当发生零部件用完、出现不良产品及机器的故障等异常情况时，可能会影响到生产指标的完成；这时，由员工马上按下红灯的按钮，红灯亮后，生产管理人员和厂长都要停下手中的工作，马上前往现场，予以调查处理，异常被排除以后，管理人员就可以把这个信号灯关掉，然后继续维持作业和生产。

（3）运转指示灯　用于检查、显示设备运转的状态机器开动、转换或停止的状况。机器停止时，还显示它的停止原因。运转指示灯如右图所示。

（4）进度灯　它是比较常见的，多安装在组装生产线上。在手动或半自动生产线上，每一道工序间隔大约是1～2min。进度灯可用于控制组装节拍，以保证产量。但是，节拍时间间隔若有几分钟的长度时，在实际作业中，操作人员应自己把握进度，以防止作业的迟缓。在一个预定的时段内，进度灯一般分为10分，用来评价操作人员的工作进度。对应于作业的步骤和顺序以及标准化程序时，它的要求也比较高。

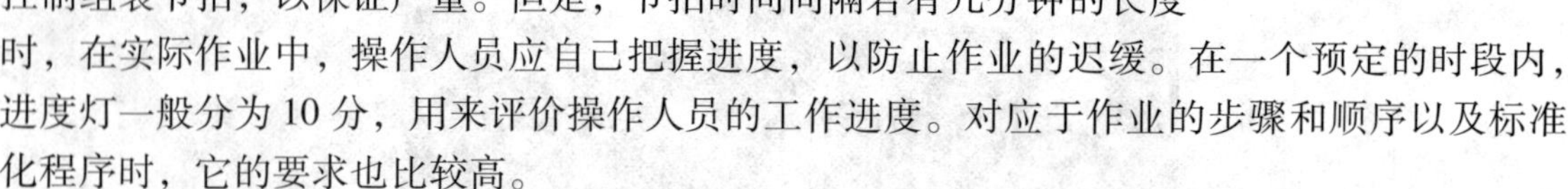

4. 操作流程图

操作流程图是描述工序重点和作业顺序的简明指示图，也称为步骤图，用于指导生产作业。在一般的车间内，特别是工序比较复杂的车间，在看板管理上一定要有个操作流程图。原材料进来后，第一个流程可能是签收，第二个工序可能是点料，第三个工序可能是转换或者转制，如图所示。

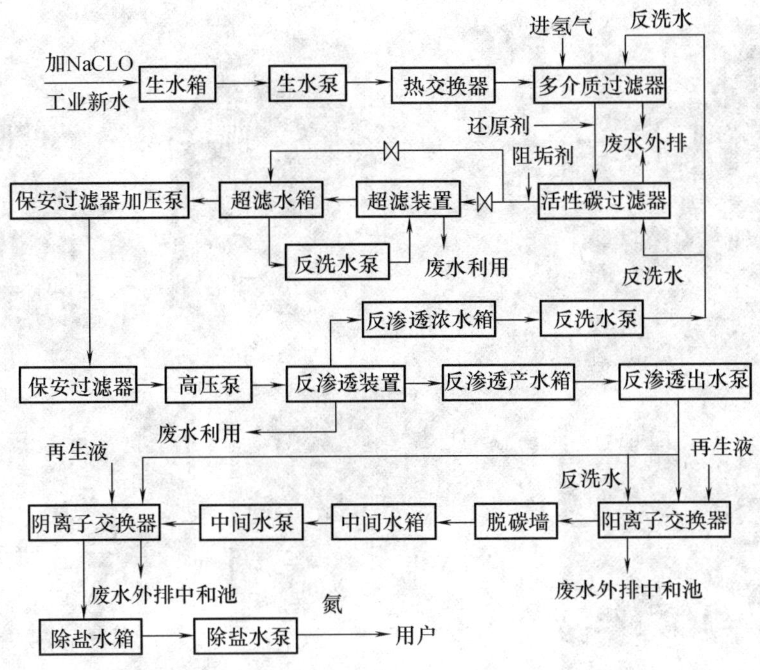

5. 反面案例

反面案例一般是结合现物和柏拉图来表示，就是让现场的作业人员明白，也知道反面案例的不良现象及后果。一般反面案例是放在人多的显著位置，让人们一看就明白，提醒工作人员的物品不能够正常使用或不能违规操作。

6. 提醒板

提醒板用于提示防止遗漏。健忘是人的本性，不可能杜绝，只有通过一些自主管理的方法来最大限度地尽量减少遗漏或遗忘。比如，有的车间内的进、出口处有一块板子，上面书写今天有多少产品要在何时送到何处，或者什么产品一定要在何时生产完毕，或者下午两点钟有一个什么检查，或是某某领导来视察，这样的板子都统称为提醒板。一般来说，提醒板上用纵轴表示时间，横轴表示日期，纵轴的时间间隔通常为一个小时，一天用8个小时来区分，每一个小时就是一个时间段，记录正常、不良或者是次品的情况，让作业者自己记录。提醒板一个月统计一次，在每个月的例会中总结，与上个月进行比较，看是否有进步，并确定下个月的提醒内容，这是提醒板的一个作用。

7. 区域线

区域线是用于画出一个区域的线，例如用线画出的半成品放置的场所或通道等区域，主要用于整理与整顿异常情况的处理区域、生产线停线故障处理区域等。

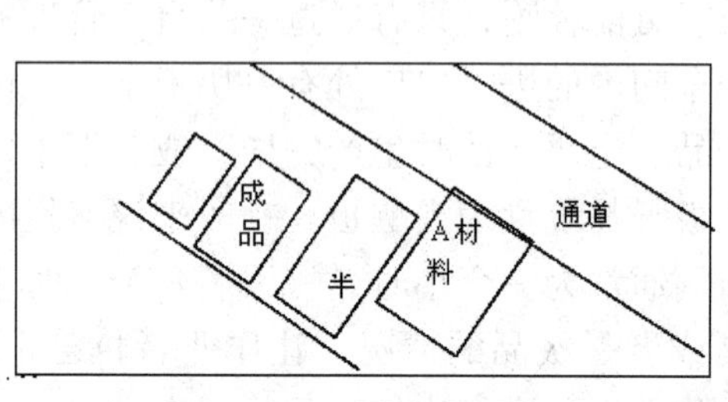

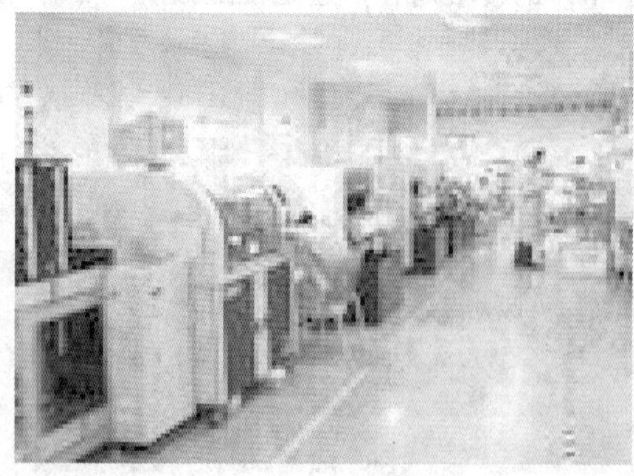

8. 警示线

警示线是在仓库或其他物品放置处用来表示最大或最小库存量的，涂在地面上的彩色漆线，用于看板作战中。

9. 告示板

告示板是一种及时管理的工具，也就是公告板。通过告示板的书写让大家都知道一些管理要求或是活动提示，比方说，今天下午两点钟开会等内容。

10. 生产管理板

生产管理板是揭示生产线的生产状况、进度的表示板，记录生产实绩、设备开动率、异常情况及原因（停线、故障）等，属于看板管理范畴。

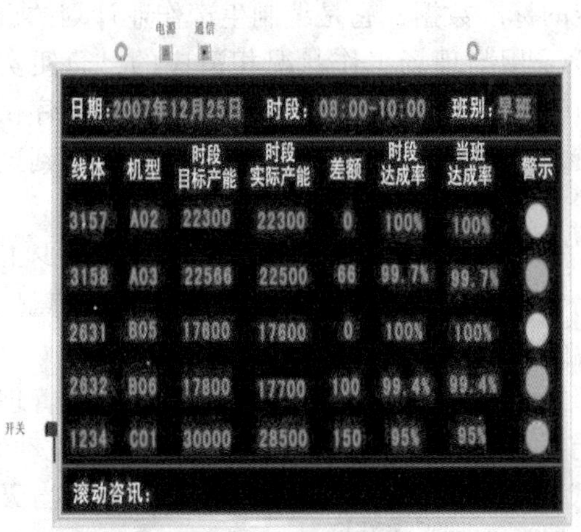

1500mm X 800mm X 85mm

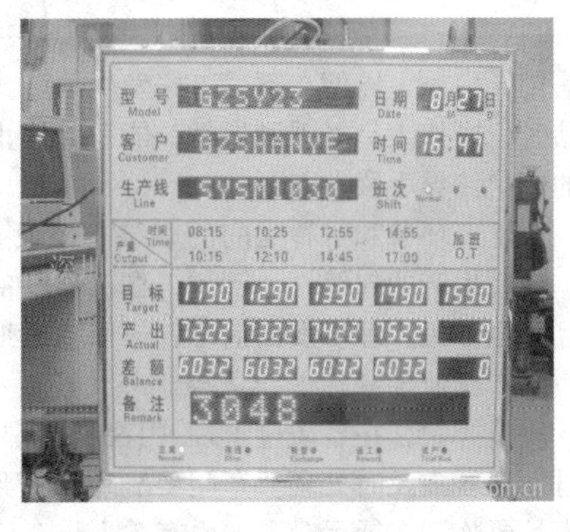

二、目视管理的内容（实施）

1. 目视管理的内容

（1）规章制度与工作标准的公开化　为了维护统一的组织和严格的纪律，保持大工业生产所要求的连续性、比例性和节奏性，提高劳动生产率，实现安全生产和文明生产，凡是与现场操作人员密切相关的规章制度、标准、定额等，都需要公布于众；与岗位工人直接有关的，应分别展示在岗位上（如岗位责任制、操作程序图、工艺卡片等），并要始终保持完整、正确和洁净。

（2）生产任务与完成情况的图表化　现场是协作劳动的场所，因此，凡是需要大家共同完成的任务都应公布于众。计划指标要定期层层分解，落实到车间、班组和个人，并列表张贴在墙上。实际完成情况也要相应地按期公布，并用作图法表示，使大家看出各项计划指标完成情况、完成中出现的问题和发展的趋势，以促使集体和个人都能按质、按量、按期地完成各自的任务。

（3）与定置管理相结合，实现视觉显示资信的标准化　在定置管理中，为了消除物品混放和误置，必须有完善而准确的资信显示，包括标示线、标示牌和标示色。因此，目视管理在这里便自然而然地与定置管理融为一体。按定置管理的要求，应采用清晰的、标准化的资信显示符号将各种区域、通道，辅助工具（如物料架、工具箱、工位器具、生活柜）等均应用标准颜色标示，不得任意涂抹。

（4）生产作业控制手段的形象直观与使用方便化　为了有效地进行生产作业控制，使每个生产环节，每道工序都能严格地按照期量标准（期量标准，又称作业计划标准，是指为制造对象在生产期限和生产数量方面所规定的标准数据，它是编制生产作业计划的重要依据）进行生产，杜绝过量生产、过量储备，要采用与现场工作状况相适应的、简便实用的资信传导信号，以便在下道工序发生故障或由于其他原因停止生产而不需要上道工序供应在制品时，操作人员能看到信号，能及时停止投入。例如，“广告牌”就是一种能起到这种作用的资信传导手段。

各生产环节和工种之间的联络也要设立方便实用的资信传导信号，以尽量减少工时损失、提高生产的连续性。例如，在机器设备上安装红灯、在流水线上配置工位故障显示幕，一旦发生停机，即可发出信号，巡回检修工看到后就会及时前来修理。

生产作业控制除了期量控制外，还要有质量控制和成本控制，也要实行目视管理。例如，质量控制，在各质量管理（控制）点要有质量控制图，以便清楚地显示质量波动情况，及时发现异常及时处理。车间要利用板报形式将“不良品统计日报”公布于众，当天出现的废品要陈列在展示台上，由有关人员会诊分析，确定改进措施，防止再度发生。

（5）物品的码放和运送的数量标准化　物品码放和运送实行标准化可以充分发挥目视管理的长处。例如，各种物品实行“五五码放”，各类工位器具（包括箱、盒、盘、小车等），均应按规定的标准数量盛装。这样，操作、搬运和检验人员点数时既方便又准确。

（6）现场人员着装的统一化与实行挂牌制度　现场人员的着装不仅起到劳动保护的作用，也是正规化、标准化的内容之一。它可以体现职工队伍的优良素养，显示企业内部不同单位、工种和职务之间的区别，因而还具有一定的心理作用，使人产生归属感、荣誉感、责任心等，对于组织指挥生产，也可创造一定的方便条件。

挂牌制度包括单位挂牌和个人佩戴标志。按照企业内部各种检查评比制度，将那些与实现企业战略任务和目标有重要关系的考评专案的结果，以形象、直观的方式给单位挂牌，能够激励先进单位更上一层楼，鞭策后进单位奋起直追。个人佩戴标志，如胸章、胸标、臂章等，其作用同着装类似。另外，还可同考评相结合，给人以压力和动力，达到催人进取、推动工作的目的。

（7）色彩的标准化管理　色彩是现场管理中常用的一种视觉信号。目视管理要求科学、合理、巧妙地运用色彩，并实现统一的标准化管理，不允许随意涂抹。是因为色彩的运用会受多种因素制约：

1）技术因素。不同色彩有不同的物理指标，如波长、反射系数等。强光照射的设备多涂成蓝灰色，是因为其反射系数适度，不会过分刺激眼睛。危险信号多用红色，这既是传统习惯，也是因其穿透力强，信号鲜明的缘故。

2）生理和心理因素。不同色彩会给人以不同的重量感、空间感、冷暖感、软硬感、清洁感等情感效应。例如，高温车间的涂色应以浅蓝、蓝绿、白色等冷色为基调，可给人以清爽舒心之感；低温车间则相反，适宜用红、橙、黄等暖色，使人感觉温暖。热处理设备多用属冷色的铅灰色装饰，能起到降低“心理温度”的作用。家具厂工人整天看到的是属暖色的木质颜色，木料加工设备则宜涂浅绿色，可缓解操作者被暖色包围所涌起的烦躁之感。从生理上看，长时间受一种或几种杂乱颜色的刺激，会产生视觉疲劳。因此，就要讲究工人休息室等的色彩运用。如纺织工人的休息室宜用暖色；冶炼工人的休息室宜用冷色，这样，有利于消除职业疲劳。

3）社会因素。不同国家、地区和民族，都有不同的色彩偏好。例如，我国人民普遍喜欢绿色，因为它是生命、青春的象征。

总之，色彩包含着丰富的内涵，现场中凡是需要用到色彩的都应有标准化的要求。

2. 推进目视管理的注意事项

（1）对事不对人　当出现问题时要协助当事人来共同查找原因并进行改善，千万不要说以下伤害感情的话，比如：

1）“你是怎么搞的？你还想不想干了？”

2）“我从来没见过像你这么笨的人。”

3）“我告诉你这样做，你却偏要那样做，又出毛病了吧，你自己看着办吧。”

这些话都是比较伤人感情的话。要特别注意，进行目视管理的目的是使这个企业、团队都能更好。所以出现问题后要针对事情去解决问题，千万注意要对事而不是对人，因为语言稍微不慎，就很有可能在企业内部造成不良影响。尤其是平常有各种嫌隙的同事之间，在推进或者审核过程中就应该更加注意。我们只是判定事情对或不对，而不是根据这个人来判定他做的事情对或错。

（2）要标准化、制度化

1）问题出现后，很多主管都会习惯地说“我都跟他们说过了，他们也会注意的”。时间一长或人员一旦发生变动，老问题就又出现了，这就是没有标准化、制度化的结果。所以，对问题要揪住不放，追查到底。

2）这个问题说明了任何一个员工，无论是新到这个部门的还是新上岗的人，都需要有一本可以参照执行的标准指导书。例如，这个机器怎么用，什么时间整理、整顿、清扫，这些都是要有标准规定的。

3）推动5S教育应是一种持续不断的工作。而持续不断的工作就是要让企业所有员工，不管是老人或新人，都要养成整理、整顿、清扫、清洁、修养的习惯。清洁的目的就是要使5S工作标准化与制度化，所以，也是要通过教育来引导。

推动目视管理的标准化、制度化，要注意的是：

①是否找到了问题的真正原因。

②有没有对策，对策是否有效，对策是否已经写入了5S指导书中。

③是否每一个作业员对指导书中的要求都清楚明白。

仅凭培训教育是解决不了问题的，还要制订“防范”措施。比如：

①超市入口禁止向外出行，因此，安装单向旋转杆。

②禁止鸣喇叭的城市里，机动车撤销喇叭装置。

（3）布告、通告栏方面的注意事项　布告、通告、海报都用于告知，是目视管理的一种常用的方法。宣传工作中，宣传方法涉及的面很广，主要目的是能引起很多人的注意，所以要特别重视。

布告、通告栏的注意事项：

1）要在指定场所张贴，不要随便地到处张贴。

2）要清楚地区分适用范围，并标明是紧急、对外或是职员通信等各种内容的字样。

3）指明有效的期限或随时更新。海报必须符合一定的规格，并配合适当的文字以及图画。

4）事先应该测量好张贴海报的距离、悬挂的位置，不要把这些海报放置在不合适的地方或阻碍通行。

5）如果把海报贴在墙壁上，则必须牢固地固定好，以免在打开窗户时或者行人走过时掉落下来或被风刮到地上。

6）通告的内容可以手写，但必须整洁易读，最好使用计算机打印文字或图画。此类物品的放置高度和地点都必须仔细地考虑，以便人们能看到这些通告上的全部内容。

（4）目视管理与提升产品质量的关系　企业的最终目的是生产更多的让客户满意的产品。企业进行的很多管理活动都是促使生产的产品能被顾客接受。要想让顾客接受产品，关键在于质量。如果质量不好，管理做得再多也没有用。所以，目视管理首先要做好全面质量管理。目视管理就是正在进行的质量管理的一种运作过程。质量就是产品生产过程或服务过程所具备的满足客户表面需要或隐含需要的特征或特性的总和。做目视管理或做看板管理都是一种质量控制管理，都是为了达到质量要求而采取的作业技术和活动手段。挂红牌、看板、整理的目的都是在做质量控制。要让人们确信我们的产品或服务能满足特定的质量要求就必须有计划、有系统地进行。如果机器经常漏油或员工习惯不好，或者员工对整理、整顿、清扫意识性不高，生产出来的产品是没有质量保证的。

三、目视管理取得的预期管理成果（检查和评估）

1. 目视管理取得的预期管理成果

1）传达并揭示有关工作的发展状况和发生的事实，直观地判断出是否正常；无需记忆，容易判断，精度高。

2）能激发员工兴趣，并能促进其积极参与经营的活动。

3）与员工达成共识，以相同的想法与理念朝共同的目标前进。

4）作为公司全员判断的基准，并采取正确行动。无论谁去判断，结果不会因人而异。

5）提高企业形象，是显示一个企业管理水平的最有力的工具。

6）强化企业体质。无论是进行作业标准化、还是异常检查、原因追究、改善措施，目视管理多种工具都能使生产达到尽善完美的境界，让相关人员主动发现异常，进而矫正。举世闻名的丰田生产方式，就是运用目视管理的最佳范例之一。目视管理效果见表6-2。

表6-2　目视管理效果

5S活动前	经过整理	经过初步整顿	经过目视管理
			6 6 安全库存 用完后采购
有用物品与无用物品混放	清除了无用物品	将物品摆放整齐	设立合理的标志，管理要求和工作状况一目了然

2. 目视管理的技术

（1）目视管理工具　目视管理常用工具的概括见表6-3。

表6-3　目视管理项目及常用工具的概括

项　目	常 用 工 具
宣传推广	刊物〔黑板报、专刊〕、海报、标语、横幅
实施活动	教材、看板系统、信息铭牌、区域线、警示灯、异常状态的实物标示、图表、作业指导书、检查表、考核表、改善前后的照片及录影带、评审报告
生产控制和交货期管理	生产管理板、进度管理箱、电光标示板、流动数曲线负荷累积表、作业指示看板、交期管理板、催促箱、交货时间管理表
品质管理	不良品图表、控制图、不良品发生标示灯、不良品放置场所、质量检验台、不良品处理规则标示板、不良品样本
作业管理	作业标示板〔灯〕、作业指导书、人员配置板、出勤表、多功能计划表、停机记录表、设备运转图表
物品管理	放置场所编号、品名标示看板、物料架牌、库存标示板、库存限额标示图板、订货点及订购量标签、不要物品红色标签、缺货库存标签、超储库存标签
设备工具管理	重要保全设备一览表、保全及点检处所标示、设备点检表、工夹模量具放置场所编号及品名标示、工具形态放置台、测定器具形态放置台、管理责任人名牌
改善目标管理	月度生产计划达成率图表、月度订单交期达成率图表、月度作业率〔作业效率〕图表、月度不良件数图表、月度库存趋势图表、月度制造成本降低图表、月度5S进度图表

（2）目视管理中的作业标准

1）作业标准制订原则：

①要定性、定量和标准化。

②采用活页式，以便于修订。

③注意标准的相对稳定性，保持使用的连贯性。

④标准应张贴在生产工人操作的地点。

2）作业指导。作业指导应明确各个阶段的目标、收集每日或每天的实绩，制作成图表，进行张贴。其内容可以是产品的品质、降低成本、缩短交货期、生产安全等各个方面。

某大公司将销售计划达成率图在全公司的主要地方（公司主干道、出入口、食堂等）张贴，造成公司全员关心公司业绩的氛围，从而也带动公司为达成销售计划同心协力地奋斗。其效果是该公司每年的销售增长率总是在本行业中名列前茅。

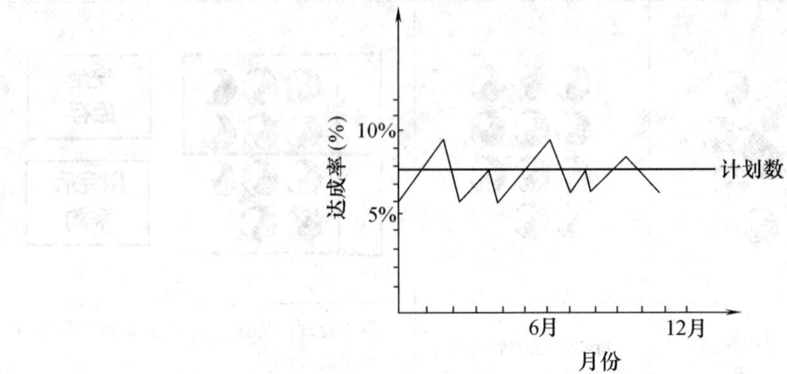

(3) 目视管理检查　为评价目视管理活动或维持活动成果，就需经常进行检查。在检查中使用的主要工具就是检查表。目视管理检查表可参见表6-4。

表6-4　目视管理检查表

单位：　　　　　　　　　　检查者：　　　　　　　　　　年　月　日

类别	检查项目	很了解10分	了解8分	还好6分	不太了解4分	不了解2分	手段、方法	问题点、改善着眼点等	改善实施日期
整理、整顿	(1) 是否了解吸烟场所						(1) 设置吸烟场所		
	(2) 是否了解道路、作业场所、在制品的放置场所						(2) 明示和标示道路、作业场所、在制品放置场所		
	(3) 是否了解有无不要物品						(3) 设置不要物品放置场所		
日程计划与进度管理	(1) 是否了解对日程而言的进度有无落后						(1) 日程计划进度表		
	(2) 是否了解目前的生产实绩						(2) 作业进度管理板		
	(3) 是否了解今天的计划进度						(3) 数位标示板		
	(4) 是否了解明日的计划						(4) 作业进度标示板		

（续）

类别	检查项目	很了解10分	了解8分	还好6分	不太了解4分	不了解2分	手段、方法	问题点、改善着眼点等	改善实施日期
交期管理外包采购	（1）是否了解与计划比较有无延误						交期管理板		
	（2）是否了解缺货情况								
品质管理	（1）是否了解批检验结果						质量检验表		
	（2）是否了解昨天的不良品数、不良品率						不良品图表		
	（3）是否了解以前月份的不良品金额、不良品率								
	（4）是否了解不良项目及原因						特性要因图、柏拉图		
	（5）是否了解目前有多少不良品						设置不良品放置场所		
物品管理	（1）是否了解在哪里有什么材料、零件、在制品，有多少						放置场所的明确化、品名的记入、颜色区分		
	（2）是否了解有什么产品、有多少								
	（3）是否了解材料、零件、在制品库存是否过大、正常或缺货等状况						看板标示		
作业管理	（1）是否了解有无按标准作业进行作业						作业指导书		
	（2）是否了解作业、流程、机械设备的异常及不良的发生情况						看板标示、设置呼叫灯、指示灯		
	（3）是否了解工时定额						作业指导书		
人员管理	（1）是否了解生产线的人员配置						人员配置表		
	（2）是否了解缺勤人员								
	（3）是否了解人员的功过与不足								
	（4）是否了解人员外出的地点								

（续）

类别	检查项目	很了解 10分	了解 8分	还好 6分	不太了解 4分	不了解 2分	手段、方法	问题点、改善着眼点等	改善实施日期
设备管理	（1）是否了解工夹模量具、测定器具在哪里，有多少						放置场所明确化		
	（2）是否了解工夹模量具、测定器具的维修保养状态						检查表		
	（3）是否了解设备的维修保养状态						设备点检表		
合计									

小结

1. 标准化的四大目的。
2. 目视管理的三个发展阶段。
3. 目视管理的水准。
4. 目视管理三要点。
5. 目视管理的内容。

案例一

目视管理实例

5S活动不仅能改善生活环境，还可以提高生产效率，提升产品的品质、服务的水准。将整理、整顿、清扫进行到底并且给予制度化等，都是为了减少浪费、提高工作效率，也是其他管理活动有效展开的基础。

在没有推行5S的工厂，每个岗位都有可能会出现各种各样不规范或不整洁的现象，如垃圾、油漆、铁锈等满地都是，零件、纸箱胡乱搁在地板上，人员、车辆都在狭窄的过道上穿插而行。轻则找不到自己要找的东西，浪费大量的时间；重则导致机器破损；如不对其进行有效地管理，即使是最先进的设备，也会很快地变成不良器械而等待维修或报废。

员工在这样杂乱不洁而又无人管理的环境中工作，会越干越没劲，要么得过且过，过一天算一天，要么就是另寻他途。

对于这样的工厂，即使不断地引进很多先进优秀的管理方法也不见得会有什么显著的效果。要想彻底改变这种状况就必须从简单实用的5S开始，从基础抓起。

下图为某企业成功推行5S目视管理项目改善效果实例。

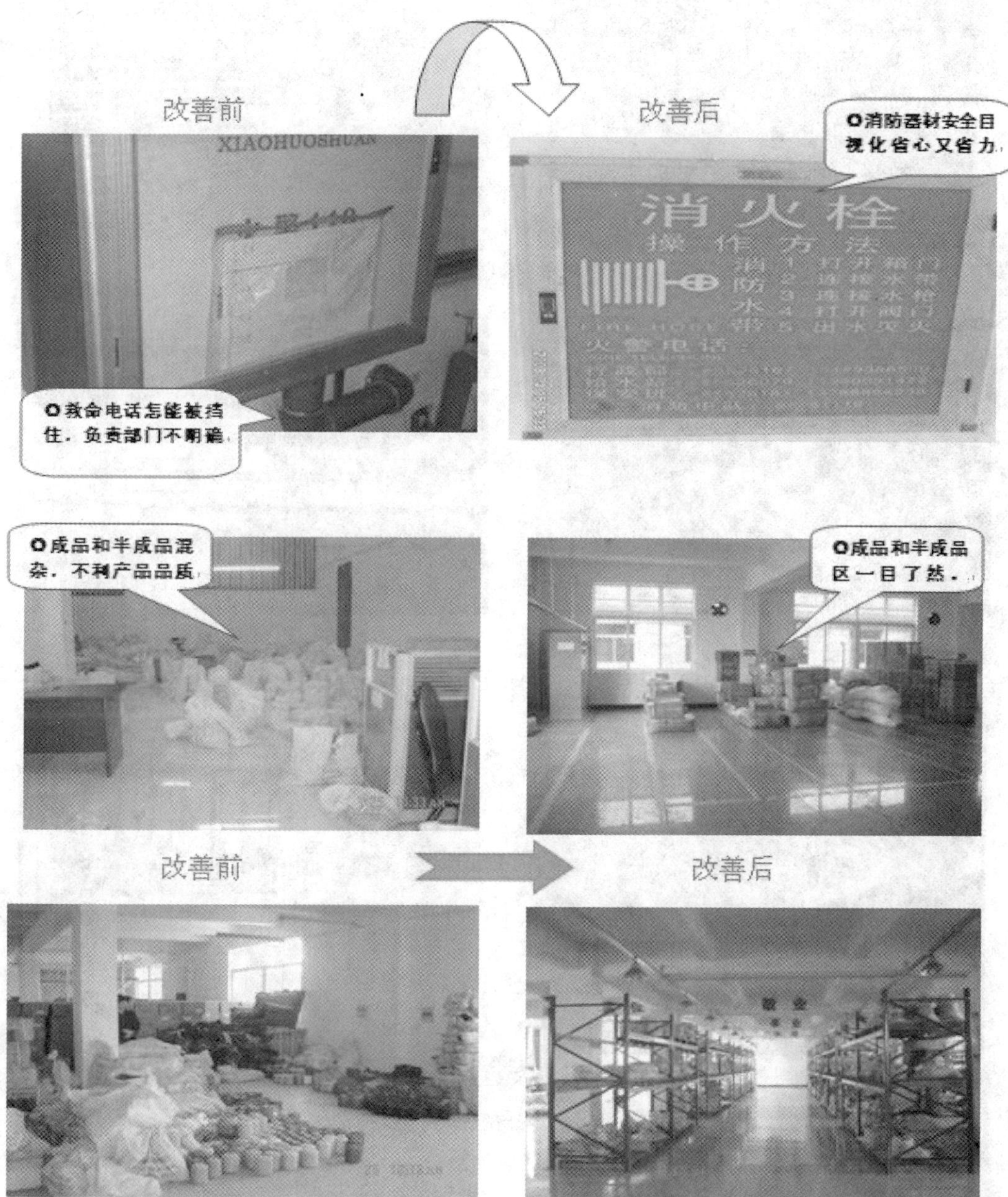
改善前
XIAOHUOSHUAN
救命电话怎能被挡住，负责部门不明确。
改善后
消防器材安全目视化省心又省力。
消火栓
操作方法
消防水带
1 打开箱门
2 连接水带
3 连接水枪
4 打开阀门
5 出水灭火
火警电话：
成品和半成品混杂，不利产品品质。
成品和半成品区一目了然。
改善前
改善后

改善前　　改善后

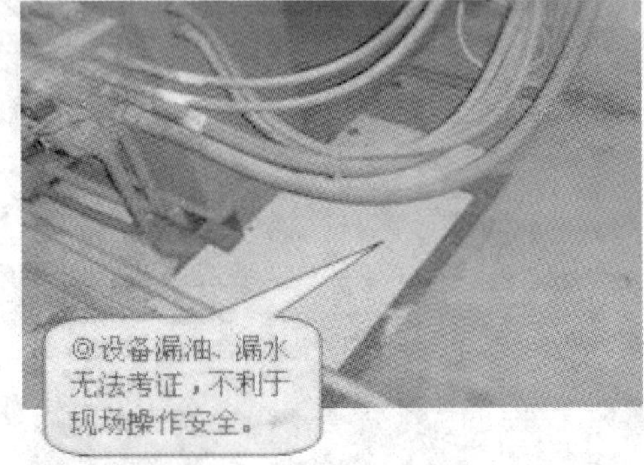

部分改善后的效果

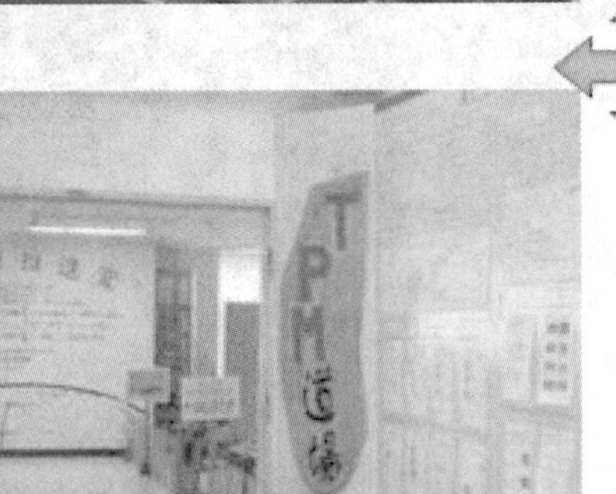

目视管理事例如图所示。

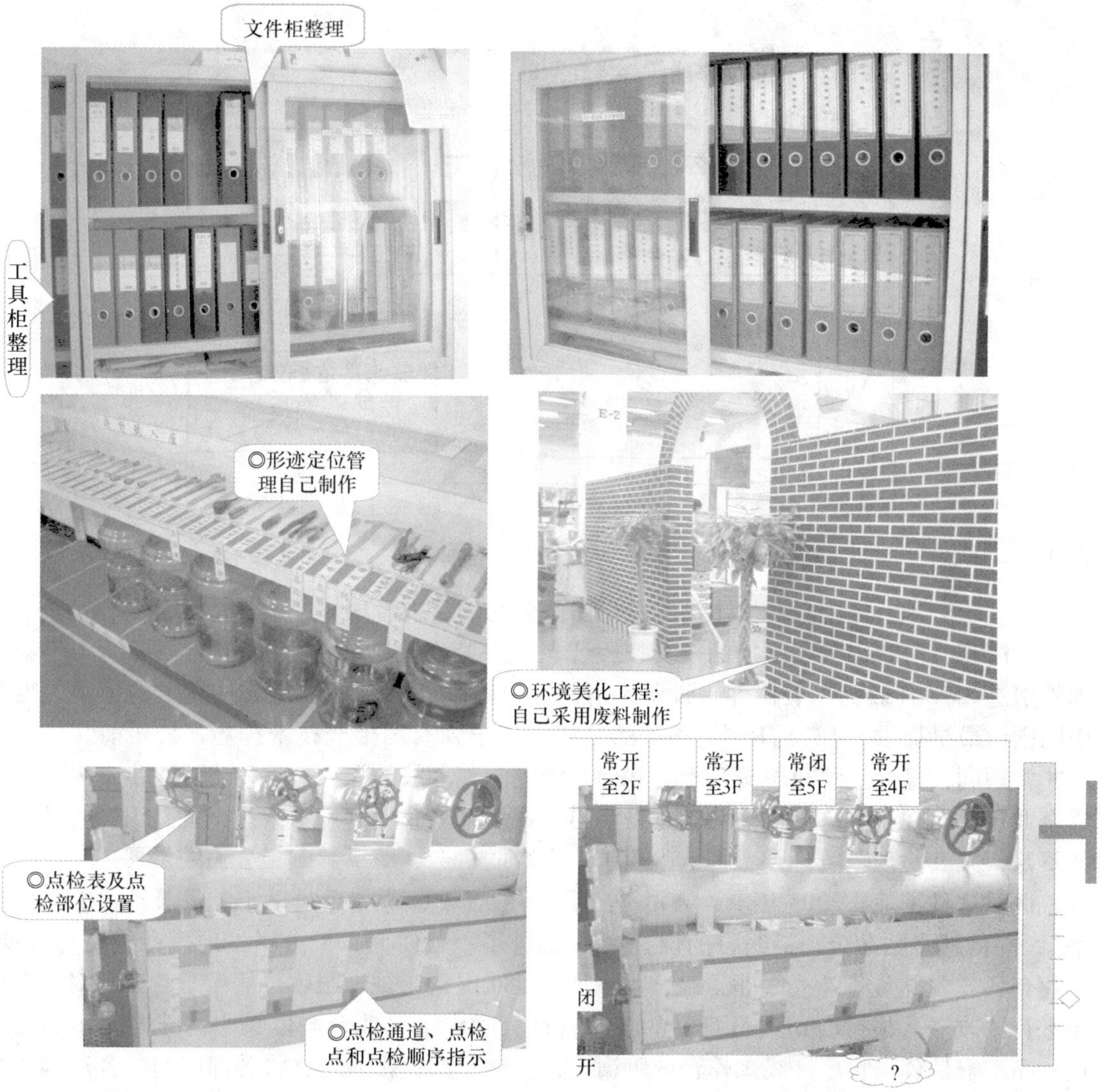

文件柜整理
工具柜整理
◎形迹定位管理自己制作
◎环境美化工程：自己采用废料制作
常开至2F
常开至3F
常闭至5F
常开至4F
◎点检表及点检部位设置
◎点检通道、点检点和点检顺序指示
闭
开
?

效益最大化活动事例如图所示。

事例1：生产效率向上活动（运用IE手法）
◇工序间作业时间不均衡
◇单手、双手停止浪费
◇步行、转身、弯腰浪费
◇生产线停线造成的浪费
共解决问题：
900多件（含个人提案）
改善效果
%
200
100
97上
97下
98上
98下
99上
生产线员工: 900人→505人
比改善前效率提高80%以上

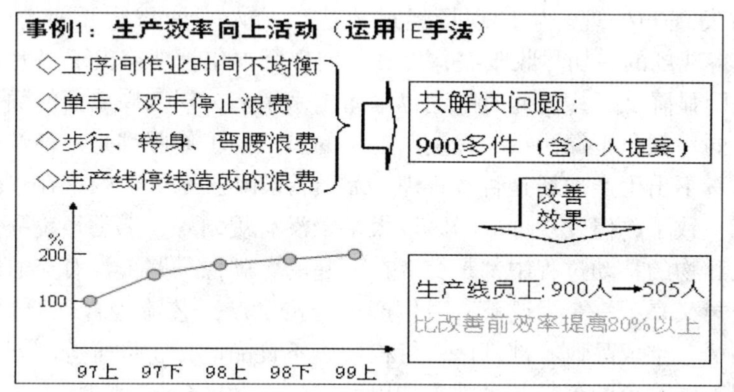

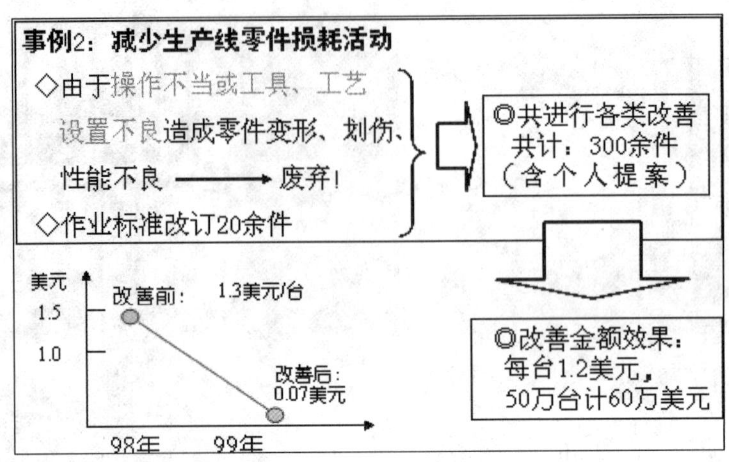

案例二

上海某股份有限公司的目视管理

上海某股份有限公司下属的全资控股公司上海某表面贴装有限公司，早在1984年就从国外引进SMD（表面贴装器件）设备，不仅是中国国内第二家掌握这种技术的公司，也是中国国内最早提供SMD加工制造服务的公司。由于独有的生产技术优势，公司前几年的发展非常顺利，经营业绩也蒸蒸日上。然而，随着改革开放的深入，这种优势逐步丧失。与外资企业相比，在管理方面的劣势却越发明显，许多知名企业都来考察过，就是因其管理方面的不足，尤其是现场管理差，使其失去了一次次的机会，严重影响了公司的发展。

面对这种困境，2003年末，公司提出了5S的行动，即“全员动手、每天动手、立即动手”，并将其张贴在公司最明显的位置。5S推进了一段时间，但公司发现生产线高高低低、作业台各式各样且作业光线非常暗，生产现场的状况很难被一眼收尽。于是，公司对生产设备进行了改造。根据公司人员身高的普遍特征，确定了作业台高度，非特殊原因不能超过1.5mm。于是公司将生产线工作台的脚锯短，推动小型化作业台；将各部门间的各种隔板拆除；将生产线上的灯全部拆除，同时将吊顶上的灯降低高度均匀布置，保证现场每处的照明度都在300～350lax之间。此外，公司还在关键设备和各区域安装了信号灯，保证发生异常情况时能被及时发现和处理。生产现场经过改造后给人一种豁然开朗的感觉，一个身高160cm的人就能将现场的一切尽收眼底，为真正实现可视化管理跨出了一大步。

整体高度是明显降低了，但此时问题也暴露出来了。公司四周墙面的颜色有两种，生产设备五颜六色，同一颜色也深浅不一；生产现场的员工的工作服都是一种颜色和式样，根本无法区分；根本看不出生产现场是否有管理、品质检验和技术人员的存在；公司物品的堆放整齐了，高度也一致了，但发现堆放的区域太多，没有规划好，感觉很凌乱。此外，还发现在生产现场的人和物的移动过程中都是交叉在一起的，就像马路上没有交通规则且乱闯红灯一样。这时，公司又来了一个大改革，对生产现场按生产工艺流程合理地划分了生产区域，集中区分了成品区、半成品、零部件区、待检区、不良品区、备件区等。划分了物流和人流通道，并且都用不同颜色的色带和吊牌来加以明确标示和区分。对现场人员作业服和帽子的颜色也进行区分，品质检验人员穿黄色作业服，SMD作业人员作业穿淡蓝色作业服，测试装配人员穿白色作业服，技术人员穿深蓝色作业服，间接人员穿灰色作业服，组长全部戴红帽子等。经过这一轮改造，能非常清晰地显示现场无论是人还是物、动态的还是静止的实时的状态。

上海某表面贴装有限公司从目视管理的推进过程中尝到了甜头，公司的管理水平不断地提高，现场很有力地支持了市场的开拓，与许多国内外知名企业建立了合作关系，公司规模不断壮大，经营业绩也节节攀升，成了华东地区首屈一指的OEM（Original Eauipment Manufacturer，OEM，原设备生产商）企业。

习题

一、填空（每空1分，45分）

1. 目视化管理的方法是______________________________的重要工具。
2. 现场管理的六大要素是指________、________、________、________、________、________________。
3. 目视管理的原则是________、________、________、________________。
4. 目视管理大致可分为________、________、________、________、________五类。

二、简答题

1. 什么是目视管理？
2. 目视管理的要点是什么？
3. 目视管理的水准如何进行区分？
4. 目视管理活动的推进步骤是怎么样的？

任务二　看 板 管 理

20世纪初，日本丰田汽车公司从美国引进了许多流水生产线。之后，随着市场的变化，客户对产品提出了多样化、个性化的要求。为满足客户的需求，丰田汽车公司的大量、单品种流水生产随之转变为多品种、混流生产方式，准时生产方式（Just In Time，JIT）便应运而生。看板管理就是实现准时化生产最重要的途径和方法，其原理是把推动式生产改变为拉动式生产。推动式是按生产加工制造工艺顺序，依次由第一道工序开始生产，然后依次向下传，不管下道工序是否需要、何时需要以及需要多少，总是不停地往下传，而后面的工序随时都要接受来自上道工序传下来的零件；其结果形成了工序间零部件或物料的堆积和储存，在制品不断增加。而拉动式只在下道工序需要时才向上一道工序取货，需要多少就取多少、何时需要就何时取，没有零件或物料的积压。这样一来，顾客成为拉动式生产的源头，即有顾客、有订单才可以生产。看板管理依据传输方式的转变最终实现“在必要的时刻领取必要数量的必要零件，同时在必要的时刻生产必要数量的必要零件”；也就是说，只在需要时才生产必要的产品，过量生产就是浪费。在生产过程中，看板管理能够强制性揭露问题、暴露隐患，由此形成动态自我完善机制。看板管理不仅是生产过程的控制手段，也是生产系统动态自我完善过程的控制手段，它以顾客为中心控制生产的过程与进度。

随着现代管理水平的不断提高，看板管理也得到了重新的定义。以前，人们对看板管理的理解仅局限于用于生产过程控制的看板（JIT 看板），范围比较窄；而现在所说的看板管理则延伸到整个生产现场管理以及企业的各项经营活动乃至社会活动中，特别是在 5S 现场管理中得到广泛应用。那些凡是能够用眼睛看且用于显示生产管理活动信息的板状物都是看板。比如，生产进度板、动作管理板、宣传板、岗位责任栏、光荣榜、电子显示屏等都属于看板。

【学习目标】

1. 知识目标

掌握看板管理的定义、作用、类别，看板的制作和维护及使用看板的注意事项。

2. 技能目标

能够制订看板管理推行活动方案。

【知识准备】

一、看板管理的概念（资讯）

看板管理（来自日语“看板”，カンバン；日语罗马拼写：Kanban；原名：传票卡）是丰田公司生产模式中的重要概念，指为了达到准时生产方式（JIT）控制现场生产流程的工具。准时生产方式中的拉动式（Pull）生产系统可以使信息的流程缩短，并配合定量、固定装货容器等方式，而使生产过程中的物料流动顺畅。

准时生产方式的看板旨在传达信息：“何物、何时、生产多少数量，以何方式生产、搬运”。

看板的信息包括：零件号码、品名、制造编号、容器形式、容器容量、发出看板编号、移往地点、零件外观等。准时生产方式的看板在生产线上分为两类：领取看板和生产看板。

看板管理是管理可视化的一种表现形式，即对数据、信息等的状况一目了然地表现。看板管理主要是对于管理项目、特别是信息进行的透明化管理活动。看板管理通过各种形式

（如标语、现况板、图表、电子显示屏等）把文件上、脑子里或现场等隐藏的信息揭示出来，以便任何人都可以及时掌握管理现状和必要的信息，从而能够快速制定并实施应对措施。看板管理是一流现场管理的重要组成部分，是给顾客信心及在企业内部营造竞争氛围，提高管理透明度的非常重要的手段。

看板管理方法是在同一道工序或者前后工序之间进行物流或信息流的传递。JIT 是一种拉动式的管理方式，是以降低成本为基本目的，在生产系统的各个环节全面展开的一种使生产有效进行的新型生产方式。它需要从最后一道工序通过信息流向上一道工序传递信息，这种传递信息的载体就是看板。没有看板，JIT 是无法进行的。因此，JIT 生产方式有时也被称作看板生产方式。

一旦主生产计划确定以后，就会向各个生产车间下达生产指令，然后每一个生产车间又向前面的各道工序下达生产指令，最后再向仓库管理部门、采购部门下达相应的指令。这些生产指令的传递都是通过看板来完成的。

二、看板与 MRP 的关系

随着信息技术的飞速发展，当前的看板方式呈现出逐渐被电脑所取代的趋势。现在最为流行的 MRP（物料需求计划，Material Requirement Planning）系统就是将 JIT 生产之间的看板用电脑来代替，每一道工序之间都进行联网，指令的下达、工序之间的信息沟通都通过电脑来完成。

目前国内有很多企业都在推行 MRP，但真正获得成功的却很少，其中的主要原因就是企业在没有实行 JIT 的情况下就直接推行 MRP。实际上，MRP 只不过是一种将众多复杂的手工操作电脑化的软件，虽然能够大大提高生产效率，但是并不能处理 JIT 所提出的一些观念和方法。因此，MRP 仅是一个工具，且必须建立在推行 JIT 的基础之上。如果企业没有推行 JIT 就去直接使用 MRP，那只会浪费时间和金钱。

三、看板的功能

看板最初是丰田汽车公司于 20 世纪 50 年代从超级市场的运行机制中得到启示，作为一种生产、运送指令的传递工具而被创造出来的。经过近 50 年的发展和完善，目前已经在很多方面都发挥着重要的功能。

1. 生产及运送工作指令

生产及运送工作指令是看板最基本的功能。公司总部的生产管理部根据市场预测及订货情况而制定的生产指令只下达到总装配线，各道前工序的生产都根据看板来进行。看板中记载着生产和运送的数量、时间、目的地、放置场所、搬运工具等信息，从装配工序逐次向前工序追溯。

在装配线将所使用的零部件上所带的看板取下，以此再去前一道工序领取。前工序则只生产被这些看板所领走的量，“后工序领取”及“适时适量生产”就是通过这些看板来实现的。

2. 防止过量生产和过量运送

看板必须按照既定的运用规则来使用。其中的规则之一是“没有看板不能生产，也不能运送”。根据这一规则，各工序如果没有看板，就既不进行生产，也不进行运送；看板数量减少，则生产量也相应减少。由于看板所标示的只是必要的量，因此，运用看板能够做到自动防止过量生产、过量运送。

3. 进行目视管理的工具

看板的另一条运用规则是“看板必须附在实物上存放”、“前工序按照看板取下的顺序进行生产”。根据这一规则，作业现场的管理人员对生产的优先顺序能够一目了然，很容易管理。只要通过看板所标示的信息，就可知道后工序的作业进展情况、本工序的生产能力利用情况、库存情况以及人员的配置情况等。

4. 改善的工具

看板的功能改善主要通过减少看板的数量来实现。看板数量的减少意味着工序间在制品库存量的减少。如果在制品存量较高，即使设备出现故障、不良产品数目增加，也不会影响到后工序的生产，所以容易掩盖问题。在 JIT 生产方式中，通过不断减少看板数量来减少在制品库存，就使得上述问题不可能被无视。这样，通过改善活动不仅解决了问题，还使生产线的“体质”得到了加强。

四、看板操作的 6 个使用规则

看板是 JIT 生产方式中独具特色的管理工具，看板的操作必须严格符合规范，否则，就会陷入形式主义的泥潭，起不到应有的效果。

概括地讲，看板操作过程中应该注意以下 6 个使用原则：

1）没有看板不能生产，也不能搬运。

2）看板只能来自后工序。

3）前工序只能生产取走的部分。

4）前工序按收到看板的顺序进行生产。

5）看板必须和实物在一起。

6）不把不良品交给后工序。

五、看板的种类

看板的本质是在需要的时间按需要的量对所需要的零部件发出生产指令的一种信息媒介体，而实现这一功能的形式可以是多种多样的。看板总体上分为三大类：传送看板、生产看板和临时看板。

1. 传送看板

传送看板包括工序内看板和信号看板等。

（1）工序内看板　工序内看板是指某工序进行加工时所用的看板。这种看板用于装配线以及即使生产多种产品也不需要实质性的作业更换时间（作业更换时间接近于零）的工序，例如机加工工序等。

（2）信号看板　信号看板是在不得不进行成批生产的工序之间所使用的看板。例如树脂成形工序、模锻工序等。信号看板挂在成批制作出的产品上，当该批产品的数量减少到基准数时摘下看板，送回到生产工序，然后生产工序按该看板的指示开始生产。另外，从零部件出库到生产工序也可利用信号看板来进行指示配送。

2. 生产看板

生产看板包括工序间看板和外协看板等。

（1）工序间看板　工序间看板是指工厂内部后工序到前工序领取所需的零部件时所使用的看板。典型的工序间看板，前工序为部件 1#线，本工序总装 2#线所需要的是号码为 A232—60857 的零部件，根据看板就可到前一道工序领取。

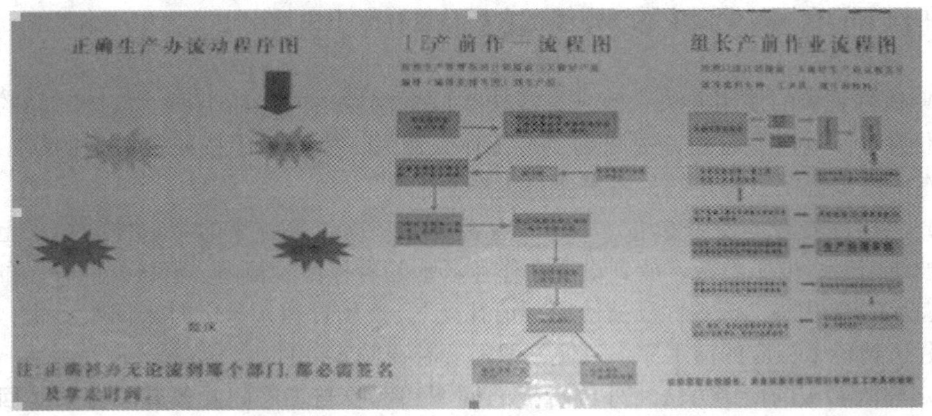

（2）外协看板　外协看板是针对外部的协作厂家所使用的看板。对外订货看板上必须记载进货单位的名称和进货时间、每次进货的数量等信息。外协看板与工序间看板类似，只是“前工序”不是内部的工序而是供应商，通过外协看板的方式从最后一道工序慢慢往前拉动，直至供应商。因此，有时候企业会要求供应商也推行 JIT 生产方式。

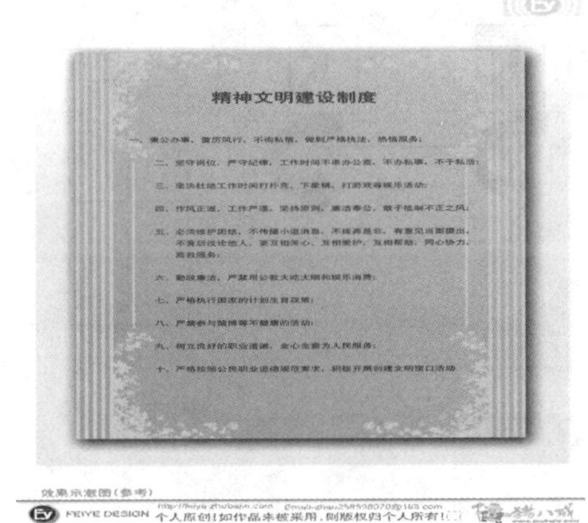

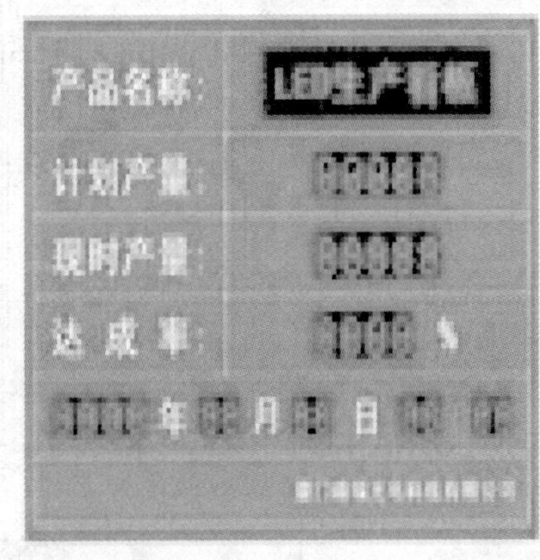

3. 临时看板

临时看板是在进行设备保全、设备修理、临时任务或需要加班生产的时候所使用的看板。与其他种类的看板不同的是，临时看板主要是为了完成非计划内的生产或设备维护等任务，因而灵活性比较大。

六、看板使用实务

1. 看板的使用方法

看板有若干种类，因而看板的使用方法也不尽相同。如果不周密地制定看板的使用方法，生产就无法正常进行。我们从看板的使用方法上可以进一步领会 JIT 生产方式的独特性。在使用看板时，每一个传送看板只对应一种零部件，每种零部件总是存放在规定的、相应的容器内。因此，每个传送看板对应的容器也是一定的。

（1）工序内看板的使用方法　工序内看板的使用方法中最重要的一点是看板必须随实物移动，即与产品一起移动。后工序来领取中间品时摘下挂在产品上的工序内看板，然后挂上领取用的工序间看板。该工序按照看板被摘下的顺序以及这些看板所标示的数量进行生产，如果摘下的看板数量变为零，则停止生产，这样既不会延误生产，也不会产生过量的存储。

（2）信号看板的使用方法　信号看板挂在成批制做出的产品上面。该批产品的数量减少到基准数时，就摘下看板，送回到生产工序，然后，生产工序按照该看板的指示开始生产。没有摘牌则说明数量足够，不需要再生产。

（3）工序间看板的使用方法　工序间看板挂在从前工序领来的零部件的箱子上，当该零部件被使用后，取下看板，放到设置在作业场地的看板回收箱内。看板回收箱中的工序间看板所表示的意思是“该零件已被使用，请补充”。现场管理人员定时来回收看板，集中起来后再分送到各个相应的前工序，以便领取需要补充的零部件。

（4）外协看板的使用方法　外协看板的摘下和回收与工序间看板基本相同。回收以后按各协作厂家分开，等各协作厂家来送货时由他们带回去，成为该厂下次生产时的生产指示。在这种情况下，该批产品的进货至少将会延迟一回以上。因此，需要按照延迟的回数发行相应的看板数量，这样就能够做到按照 JIT 进行循环。

2. 看板运行过程

看板运行过程如下图所示。

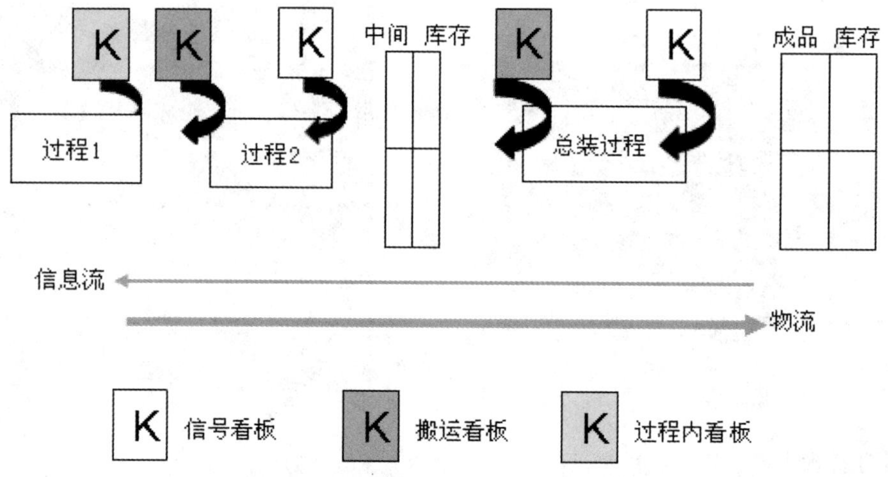

1）成品库存设置看板管理方式，根据客户需求出货后库存下降，下降到一定程度后信号看板浮出，指示总装过程生产看板规定的量。

2）接到信号看板的生产指示后，总装过程发出搬运看板，到前面中间品仓库领取总装所需的零部件。

3）中间品仓库的信号看板在库存下降到规定的量以后，看板浮出，向过程 2 发出生产指示。

4）过程 2 的作业员接到生产指示后，到过程 2 的入口处找到放置零部件的零件盒，取出零部件进行加工，并把搬运看板放入专用看板箱中。到规定的时间后，搬运人员拿着搬运看板到过程 1 去取。

5）搬运人员按看板规定的品种、数量到过程 1 出口处领取，把附在产品上的过程内看板取下放在生产指示看板箱，相应换上搬运看板后，把货物放到过程 2 规定的入口处。

过程1、过程2按过程内看板和信号看板分别进行生产。

3. 代替看板发出生产请求的其他目视化方法

看板的形式并不局限于记载有各种信息的某种卡片形式，在实际的JIT生产方式中，还有很多种代替看板发出生产请求的目视化方法，如彩色乒乓球、空容器、地面空格标示和信号标志等。

看板方式作为一种进行生产管理的方式，在生产管理史上是非常独特的，看板方式也可以说是JIT生产方式最显著的特点。但是，决不能将JIT生产方式与看板方式等同起来。

JIT生产方式是一种生产管理理念，而看板只不过是一种管理工具。看板只有在工序一体化、生产均衡化、生产同步化的前提下，才有可能发挥作用。如果错误地认为JIT生产方式就是看板方式，不对现有的生产管理方式作任何变动就单纯地引进看板方式，是不会对企业发展起任何作用的。

【任务实施】

一、看板管理的实施方法（决策）

看板管理实现操作流程：

1）当工位发生异常（设备、品质、物料、工程等）的时候，作业者按下点拓无线报警按钮。

2）相关负责人员（QC、资材、机修等）可以通过点拓移动BP机收到异常工位信息，系统自动记录异常报警时间点，同时，电脑屏幕或者LED看板上显示异常工位信息和报警计时开始，并播放语音提醒。

3）相关负责人员响应并到达现场时按下开始处理按钮，系统自动记录响应时间点，屏幕显示工位处理进行中。

4）相关负责人员处理结束后，按下处理结束按钮，系统自动记录处理结束时间点，消除屏幕上相应的报警信息。

通过此次课堂教学，使学生熟悉现场考察的方法，能够根据车间现场获取现场基本信息，掌握生产车间概况的基本信息，分析所收集的现场管理信息，完成任务工单，能够制订看板管理推行活动方案。

1）学生分组成立5S推行委员会，以10人为一组，将全班学生分为若干个工作小组。

2）教师布置看板管理活动方案的制作任务。

3）各小组选出组长，并完成小组成员分工。

4）根据现场考察所获信息，确定看板管理推行活动方案制作的总体思路。

二、推行活动方案（计划）

看板管理推行活动方案的时间安排见表6-5。

表6-5　推行活动方案的时间安排表

活动阶段	具体阶段	负责人
准备阶段		
具体实施阶段		
收尾阶段		

三、看板管理的步骤与实施（实施）

完成看板管理方案的步骤及工作内容见表6-6。

表6-6　推行活动方案实施表

看板管理方案	具 体 内 容	具体时间
开始阶段	（1）组建小组 （2）确定现场管理需要达到的目标 （3）制定调查计划并拟定好访问的主要内容	
实施阶段	（1）调研生产现场的环境状况 （2）调研生产现场的操作是否规范 （3）调研生产现场的物料管理状况 （4）调研生产现场的产品质量管理状况 （5）调研生产现场的设备管理状况 （6）调研生产现场的现场改善状况 （7）调研生产现场的安全管理状况	
收尾阶段	（1）整理收集的资料 （2）对资料进行分析 （3）就分析结果提出建议与意见并形成报告	

四、现场检查和评估（检查和评估）

1）对各小组车间现场标准化管理完成情况进行检查并作出修改、完善，写出调研报告。

2）根据自己任务完成的情况进行自我评估，并提出改进意见。

3）小组对本组制作的车间现场标准化报告进行陈述讲解，指导教师和该车间负责人共同对小组工作情况进行评估，并进行点评。

小结

1. 看板管理的概念。
2. 看板与MRP（物料需求计划）的关系。
3. 看板的功能。
4. 看板操作的六个使用规则。
5. 看板的种类。
6. 看板使用实务。

案例

海尔公司的看板管理

海尔集团是从一个亏损147万元的企业，经过20年的发展迅速成长为销售收入达600多亿元规模的多元化、集团化、国际化企业。特别是1999年10月份开始实施国际化战略以来，海尔集团在全集团范围以现代物流革命为突破口，对原来的业务流程进行了重新设计和再造，并以“市场链”为纽带对再造后的流程进行了整合，在业务流程上与国际化大公司全面接轨，实现国际化扩张效益，大大提升了海尔的国际竞争力。随着经营规模的不断扩大，为了实现高速发展，海尔又进行了“物流革命”来增强企业的竞争力。其中，措施之一就是采用看板拉动料件配送，建立快速响应订单的生产组织系统。为实现“以时间消灭空间”的海尔物流管理目的，企业对最基本的物流容器单元化、集装化、单元化、通用化的物料系统进行了全面的改革，一方面加快了库存资金的周转速度，减少滞留物资，另一方面使现场更加明亮整洁，实现了集团强化企业基础综合管理的目的。

看板拉动式管理实现柔性生产，每天一条生产线可以生产上百种规格的产品，大大提高了订单的响应速度，实现了以速度制胜的目的。目前，对订单的响应时间大大缩短。

习题

一、填空

1. 看板管理分为________、________、________三类。
2. 看板管理的作用：传递信息、统一认识、________、帮助管理、防微杜渐。

二、简答题

什么是看板管理？看板管理的特点是什么？

情景七　车间生产现场优化管理

任务一　素　　养

在5S活动中，不断反复地要求员工做整理、整顿、清扫、清洁，其目的不仅是希望员工将物品摆好、设备擦拭干净，主要目的是通过简单易行、琐碎的反复动作，潜移默化，改变已有的不良习惯，养成良好的习惯。

5S的最终目的是提升人的品质，这些品质包括：革除马虎之心，养成凡事认真的习惯、遵守规定的习惯、自觉维护工作环境整洁明了的习惯、文明礼貌的习惯。在5S实施得好的企业，很多员工在做5S时不感觉到是在做5S，为什么？就是习惯了，犹如每天刷牙、洗澡的习惯一样，只有这样，才能保证5S活动持续、健康地进行下去。

【学习目标】

1. 知识目标

掌握素养的定义、目的、实施方法。

2. 技能目标

了解素养在5S中的地位及重要性。

【知识准备】

一、素养的意义（资讯）

素养就是以“人性”为出发点，通过整理、整顿、清扫、清洁等合理化的改善活动，培养企业上下一体的共同管理语言，使全体人员养成遵守标准和规定的习惯，进而促使全面管理水平的提升。

思想改变行动，行动改变习惯。因此，任何管理活动的成功与失败，完全在于人的观念与想法，而要让所有的人员具备相同的管理语言，必须从最简单、最基本的地方做起，也就是从与大家工作场所上息息相关的整理、整顿、清扫、清洁做起。当每个人都确实实施后，想法就会慢慢定型，久而久之，必须遵照标准来作业的习惯就会在不知不觉中养成了，任何破坏整理、整顿、清扫、清洁的人、事、物都会被纠正，被视为异常而全力排除，管理的功能就可发挥无遗了。

当然，素养是以改造“人心”为主，因此必须不断地通过教育培训与沟通的过程来建立起实施整理、整顿、清扫、清洁的基本观念与正确做法，如此才不会徒劳无功。

二、素养的目的

1. 培养具有良好素质的人才

让企业的每个员工都严格遵守规章制度，培养具有良好素质的人才。让每个人都能严格地遵守公司的规章制度，都知道要在企业里成长就必须从内而外地主动积极，都能认为

“我要成长，我做好了，企业才能做好。我是一个作业员、员工，应如何进行整理、整顿以及清扫”。

2. 铸造团队精神

调动员工积极性，使员工都积极主动地把所负责任的区域范围内的事情做好，把整理、整顿、清扫、清洁，予以贯彻落实到具体的行动中去。如果每个人都这样做，则会发挥团队的最大效应。

3. 创造一个充满良好风气的工作场所

素养强调的是持续保持良好的习惯。它是一个延续性的习惯，就好像一个人每天早上起来都习惯刷牙、洗脸，如果哪一天没刷牙、洗脸，就会觉得怪怪的。

【任务实施】

一、素养的实施方法（决策）

1. 培养素养的实施方法

（1）持续推进4S 工作　5S 实施得好的企业，大体上要经历四个阶段，如果这四个阶段都做好了，则企业的管理水平将是很好一种情形了。

1）形式化阶段：这是5S 推行的初级阶段。在这个阶段中，企业为了达到某种效应，都要开展一些诸如擦玻璃、拖地板、清扫设备上的脏污等大扫除活动。这个阶段的工作主要是响应上级号召，在形式上推进一下，多少存在一点应付因素在里面。

2）行事化阶段：把5S 当作日常工作的一部分。由于长期坚持4S 工作，使员工改变了原有的心智模式，使5S 成为日常工作的自觉行为。

3）习惯化阶段：由于都把5S 看成日常工作的一部分，不再看成是额外的工作负担，所以在做5S 的时候，不再感觉到压力，就像每天刷牙洗脸一样，已经习惯了。

4）企业文化阶段：5S 管理的最高境界是文化管理。文化是一种习性，就是习惯性地重复一种行为方式。5S 管理讲究细节、革除马虎之心，就是为了使5s 工作成为一种习性。这种习性就是要形成一种氛围，使得那些不太积极的人在这个氛围之中，也不得不被动地积极，一人一辈子被动地积极，最终会变成真积极。一辈子都照着一个标杆做，最后自己的行为就变成了标杆。

（2）建立共同遵守的规章制度　企业是一个组织，要想提高员工素养，首先得让员工有规则可依。素养推行前期，首先要对企业内部大家都认同的行为规范进行总结提炼，制定大部分人都认可的有关规则、规定，然后大家共同遵守。这个规则能为许多人创造一个舒畅、轻松、愉快的工作环境。例如，不少企业将本公司的发展概况、企业文化、人事制度、考勤制度、安全生产、绩效考核办法等编成一本《员工手册》，人手一册，让员工自觉去遵守。

需要强调的是，规则只要一经制定，任何人都必须严格遵守；否则，规则将失去意义。当一个破坏规则的人出现以后，没有给他处罚，连续破坏规则的现象就会出现，这就是所谓的“破窗效应”。

推行5S 管理必须防止“破窗效应”的发生。“破窗效应”是美国政治学家威尔逊和犯罪学家凯林根据“破窗”实验提出来的。他们认为，如果有人打破一栋建筑物上的一块玻璃，又没有及时进行修复，别人就可能受到某种暗示性的纵容，去打破更多的玻璃。这个实验说明了这样一个道理：环境具有强烈的暗示性和诱导性，必须及时修复“第一扇被打碎玻璃的窗户”，以免给人造成一种无序的感觉。在5S 管理活动中，环境的暗示和诱导作用可以说无处不在。例如，在窗明几净、环境优雅的工作现场，没有人会大声喧哗、物品不按规定摆放或乱扔垃圾；相反，如果环境脏乱不堪，则时常会看到通道堵塞，物品不按规定摆放，满地废纸屑、污渍等现象。因此，良好习惯的形成是推行5S 管理活动的关键。

（3）制定礼仪手册　微笑和问候能够让环境气氛更融洽轻松，人与人之间的关系更加亲切。所以，应当制定一些问候、电话、洽谈等方面的礼仪守则，在日常生活中熏陶和改变每一位员工。

在丰田公司，每一位新进厂的员工每天必须问300 次“你好”，而且还得大声说，达不到要求就不准回家，其目的就是培养新员工的礼貌习惯。日本人早上坐巴士，虽然所有人都不认识，但是一上车就是“大家早上好”，这就是习惯。员工的言谈举止往往代表一个企业的形象。

（4）将各种规章制度目视化

1）目视化的目的，在于让这些规章制度用眼睛一看就能了解。

2）规章制度目视化的做法如下：

①订成管理手册。

②制成图表。

③做成标语、看板。

④卡片。

3）目视化场所地点应选择在明显且容易被看见的地方。

（5）实施各种教育培训　不断地培训是提高企业内员工素质最有效的方法。培训既可以增加员工的知识，又可以提高他们的工作能力；在行动中，还可以改变他们的思想行为。这是推行 4S 的最佳保证。

1）岗前培训。岗前培训是提高员工素质的第一个阶段，它可以有效地提高新员工的素质，提高劳动效率。岗前培训包括以下四个部分：

①熟悉企业产品及工艺流程。

②熟悉共同遵守的各项规章制度。

③熟悉待人接物的基本礼仪。

④熟悉企业地理环境、作息时间、通信联络方式、防火逃生等方法。

2）在岗培训。在岗培训是指在岗员工在完成工作的同时，接受各种有针对性的培训活动。在岗培训是员工素养提高到更高一个层次的重要手段，但不能仅局限在作业技能的提高上。不同岗位的在岗培训其侧重点各不相同。常见的在岗培训有以下几个方面：

①相同岗位的情报横向交流、参观、评比，先进带动后进。

②同一员工在不同的工作岗位上进行轮换。

③外部参观、进修，获取新知识、新观点、新方法。

（6）开展各种精神提升的活动

1）早会。以班组为单位实行早会制度，有利于广大员工素养的提升。早会至少可以达成以下目的：一是使工作计划和命令顺利传达，促进全体员工对工作的理解；二是相互交流，可以增进公司内部的沟通，提升团队合作精神；三是使每个人朝气蓬勃地开始一天的工作，每个人的行动充满活力，工作目标明确，这是公司早会最重要的目的。

2）征文比赛活动。开展 5S 活动征文比赛可加深广大员工对 5S 活动的进一步理解和认识，使每位员工分享 5S 活动所带来的成就感，从而有利于活动更持久有效地开展。

3）5S 知识竞赛活动。开展 5S 知识竞赛活动可进一步强化员工对 5S 管理的认识，营造氛围，增强部门之间的团队合作精神，对推行 5S 管理将会起到很好的促进作用。

在活动开展的前期，要进行一系列的策划工作。如成立组织、征集 5S 题目以及题卡的制作、设施的准备、讲说词等。

二、素养活动安排表（计划）

素养活动的具体时间安排见表 7-1。

三、素养的步骤与内容（实施）

1. 素养的步骤与内容

（1）继续推动前面 4S 的活动　前面 4S 是基本动作也是手段，前面的 4S 做好了，后面的这个素养才能够形成；通过前面的 4S 的持续实现，能够使员工实际体验作业场所的变化带来的感受，从而养成整洁的习惯；前面的4S没有落实，那么第5个S就没有办法落实。

表7-1　素养活动的时间安排

活动阶段	具体阶段	负责人
准备阶段		
具体实施阶段		
收尾阶段		

（2）将各种规章制度目视化　建立共同遵守的规章制度，将各种规章制度目视化。各种规章制度包括厂规厂纪；各项现场作业准则、操作规程、岗位责任；生产过程工序控制要点和重点工艺参数。

（3）违者必究、有错必改　在推行5S活动时，有些人认为只要做好礼仪规范，5S就可行了。其实礼仪只是一个前提，主要是加强意识的教育，特别是错误的纠正。违反规章制度的要及时给予纠正，主管见到下属有违反规章制度的要当场予以指正，否则，下属会一错再错。

（4）素养是推动各种精神向上的活动　培养“素养”的7种工具是：

1）标语。

2）醒目的标示。

3）值班图表。

4）进度管理。

5）照片、录像。

6）新闻。

7）手册和表格。

当然，如何有效地应用这些工具，需要花很多时间，平时要多练多用，用得多才能灵活应用。

2. 素养的表现

1）公司的职员应该遵守公司的规章制度，认真而严格地按照标准进行作业。

①要有强烈的时间观念，遵守出勤和开会的时间。大家可能会觉得很奇怪，为什么整理、整顿、清扫、清洁、素养，还要有强烈的时间观念，要遵守出勤时间、要遵守会议时间。原因是时间就是成本，大家都这么做，士气才会提高。假如在一个企业里，经常有人上班迟到却没有受到任何处罚或没有给予适当的制止，新来的员工会怎么看这个公司，或者说其他的人又会怎样看待这个人。如果大家都严格地按照规定去遵守，那企业又怎能不成为一个既有良好的企业形象又有极高的经济效益的优秀企业呢？

②工作中应保持良好的状态。在工作时间内不可以随意地聊天说笑、离开工作岗位，不能看小说、打磕睡、看报纸、吃零食等，不能有各种不应有的言行。

③每一个员工的衣着要得体，要正确地佩戴厂牌或工作证，待人接物要诚恳、有礼貌。

④认真、敬业。

⑤尊重别人，为他人着想、服务。

2）遵守社会公德，热心公益事业。

3）有责任感，敬老爱幼，关心家人。

4）信任别人，有广阔的胸怀。

3. 素养活动注意事项

素养活动应该注意避免发生以下 4 种情况：

1）只培训作业时所要求的具体操作，对“规章制度”不加任何说明，或只是把“规章制度”贴在墙上，看得懂的人看，看不懂的人则不过问，流于形式。

2）急于求成，认为三两天的教育培训就能改变人的思想认识。

3）没有鲜明的奖励制度或在执行过程中因人情因素而大打折扣，使人们对“规章制度”视而不见，好坏不分。

4）认为教育的责任在于学校、家庭和社会，与工厂不相干，工厂只管生产。

有的企业在执行某一项规定或制度时，往往存在这样的弊病：一紧二松三垮台四重来。因此，推行规章制度不仅一开始要强制执行，而且要长期坚持，使职工潜移默化、慢慢养成自觉遵守规章制度的好习惯，从“要我做”逐步过渡到“我要做”。素养的本质就是要历行“三守”的原则，即守纪律、守时、守标准。5S 通过规范人的行为，逐步使其思维得到改变，素养就得到了提升。人品决定产品，人品高了，产品的质量就有保证了，企业就能发展壮大了。

四、素养效果的检查（检查和评估）

开展素养活动之后，要对素养活动的各个方面进行检查，查看其效果如何。素养活动的检查内容包括：

1. 日常活动

1）企业里是否已经成立5S小组。

2）全企业是否经常开展有关5S活动方面的交流、培训。

3）企业领导是否对5S很重视，并率先推广。

4）全体员工是否非常明确实施5S对企业和个人的好处，对实施5S活动充满热情。

2. 员工行为规范

1）是否做到举止文明。

2）是否遵守公共场所的规定。

3）是否做到工作齐心协力，团队协作。

4）是否遵守工作时间，不迟到、不早退。

5）大家是否友好地沟通相处。

3. 服装仪表

1）是否穿戴规定的工作服上岗；服装是否干净、整洁。

2）厂牌等是否按规定佩戴整齐。

3）鞋子是否干净。

4）是否勤修指甲。

5）是否勤梳理头发，面部是否清洁并充满朝气。

总之，素养可以持续推动5S，直至成为全员的习惯；素养可以使每位员工严守标准，按标准作业；素养可以净化员工心灵，形成温馨明快的工作氛围。

小结

1. 素养的意义。

2. 素养的目的。
3. 素养的实施方法。
4. 素养的推行要领：
1）制订服装、臂章、工作帽等识别标准。
2）制订公司有关规则、规定。
3）制订礼仪守则。
4）教育训练。
5）推动各种激励活动。
6）遵守规章制度。
7）例行打招呼、讲礼貌运动。

案例

某企业员工素养效果

某著名家电企业为了进一步夯实内部管理基础、提升员工素养、塑造卓越企业形象，决定先从“简单的 ABC”开始，从 5S 这种基础管理抓起。针对企业内部团队精神和跨部门协作的缺失现象；部门之间的工作存在大量的互相推诿、扯皮现象；员工工作缺乏主动性，被动地等、靠、要等现象；该企业首先将 5S 管理与现场效率改善相结合，从人员意识着手，在企业内大范围开展培训，结合各种宣传活动营造了良好的 5S 氛围。然后从每一扇门窗、每一个抽屉、每一个工具柜开始指导，逐步由上到下、由里到外、由难到易，结合现场指导和督察考核从根本上杜绝员工随心、随意、随手的不良习惯。

经过一年多的全员努力，5S 管理终于在该企业每名员工的心里生根、发芽，员工从不理解到理解、从要我做到我要做，逐步养成了事事讲究、事事做到最好的良好习惯。生产现场的脏、乱、差现象也得到了彻底的改观，营造了一个明亮温馨、整洁有序的生产环境，增强了全体员工的向心力和归属感。在一年多的推进过程中，从基层员工到管理者都经受了严格的考验和锻炼，造就了一批独立思考，从全局着眼、细处着手的改善型人才，从而满足企业进一步发展的需要，最终实现提升员工素养的目的。

习题

一、填空

1. 素养的目的是________、____________________。
2. ____________________是提高企业内员工素质的最有效的方法。
3. 为了提高员工的素养，企业会通过________和________两种教育培训方式。

二、简答题

1. 培养“素养”的七种工具是什么？
2. 素养活动的注意事项是什么？

任务二 现场改善

5S 管理的目的不仅仅是把现场整理的整整齐齐，主要是希望通过这个管理活动改变员工的作业意识；也就是说，希望能因为员工行动本质的改善，出自内心关心一切事物。关心是一种内在的意识，表现在生产上就是对设备的爱惜、对产品制造的责任心，从而不断地提高发现问题和解决问题的能力，在解决问题的过程中使自己的技能水平得到提升。

【学习目标】

1. 知识目标

掌握改善的定义、改善的内容、改善的方法。

2. 技能目标

了解改善的作用、如何改善、改善的重要性。

【知识准备】

一、改善提案的定义（资讯）

改善提案就是解决工作中的问题，是针对现场、现物、现实的不足，提出解决方案的活动，其目的在于提高管理实效和发展具有高效的工作方法。例如，使工作内容更简单、更安全；消除工作上的单调、障碍和损害；使工作更具活力；减少因为过度生产、运输、库存等而产生的浪费。在改善的前提下，员工的提案都是关于如何解决工作难题，如何发展效率化的工作方式或如何改善工作环境、工作条件等实质内容的。它强调改善活动的基础必须是熟悉现场生产和工艺，熟悉产品和管理，了解相关工艺和上下工艺情况的。

比如，在生产中，某台设备经常发生故障，因而影响产品质量，降低了生产效率。改善提案就不仅是对设备进行一次修理就结束的机械性工作方案，而是对故障所在部位进行全面地诊断分析，采取针对措施或是进行部分改造，以防止问题的再发生。改善提案不是就病医病的设备“维修”方案，而是由表及里、举一反三的系统性维护方案。

改善提案活动是全员性的，特别要求改善提案的独创性。

二、问题意识

问题意识即风险管理，它的核心在于对现阶段工作可能出现的问题具有心理准备，并对可能出现的问题制订相应的防范措施。在问题掌握上，需要有每天在现场观察几个小时的思想准备过程，经过思考过后再到现场，不断反复就可以看出什么地方出现了问题，什么地方需要改善。经常到现场走走，用自己的眼睛找出问题点。

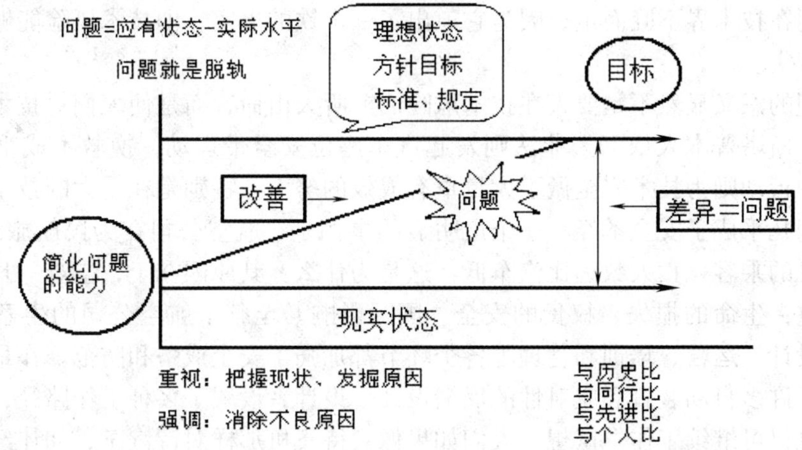

1. 发掘问题的要领

1）问题在任何地方出现都有它的意义。

2）不要只做上级指示的工作，要具有自主性。

3）思考工作现状的合理性，有无问题等。

4）有问题时要仔细地观察及考虑，依据数据做客观性的判断。

5）对问题不要有先入为主的主观看法。

6）不能开始就抱有“非常困难，无法解决”之类的消极态度。

7）对于问题的看法，多听取别人的意见。

8）把握发现问题点的机会。

9）对自己的工作，要自己去寻找问题。

10）对工作现状要抱有问题意识，并把它找出来。

2. 问题意识的必要性

找不到问题，就不知道差距；不知道差距，就没有前进的方向；没有方向也就没有动力；没有动力，企业就不能发展。市场竞争激烈，机会来之不易，而且市场千变万化，如果现在没有问题意识，那以后可能要为出现的问题付出更加沉重的代价。

（1）墨菲法则　凡是可能出现的问题一定会出现，而且事物的发展有必然性。如果具备问题意识，也许就能够预先发现问题，并预测它的严重性，以便及时修正计划。

（2）墨菲法则的由来　1949 年，美国爱德华兹空军基地的上尉工程师小墨菲（Edward Wurphy Jr.）和他的上司斯塔普少校，在一次火箭减速超重试验中，因仪器失灵发生了事故。墨菲发现，测量仪表被一个技术人员装反了。由此，他得到的教训是：如果做某项工作有多种方法，而其中有一种方法将导致事故，那么一定有人会按这种方法去做。在事后的一次记者招待会上，斯塔普将其称为“墨菲法则”，并以极为简洁的方式作了重新表述：凡事可能出问题，就一定会出问题。

墨菲法则在技术界不胫而走，因为它道出了一个铁的事实，即技术风险能够由可能性变为突发性的事实。

墨菲法则的意义显然不是要人在技术风险面前听天由命，而是使人们对技术风险防范有足够的重视。斯塔普本人依据墨菲法则发起汽车座位安全带运动，挽救了成千上万人的生命。而类似的行动则为技术安全做了大量卓有成效的努力，特别是在重大的技术风险防范方面，墨菲法则几乎成了安全圣经。一个最明显的事例是，航空公司在为民航旅行做广告时，常会标榜飞机的乘客死亡人数远比汽车低。这是为什么？其原因在于，空难一旦发生，后果往往十分严重：生命的损失、权贵的安全、国际影响乃至整个航空公司的生意受损等。因此，飞机的设计、运营、培训和管理等各个环节都加强了安全戒备和防范。在最新的飞机设计中，增添了许多自动装置和应对性的反馈设计，设计者设置了多种工作路径，使某些部件失效时，飞机仍可继续工作。试想，人们如果像对待飞机那样对待汽车，如让经过严格挑选和训练过的人担任司机、大量地运用自动化装置等，乘坐汽车肯定比乘坐飞机安全得多。技术的风险是固有的，我们必须认识到这一点。技术安全的最大敌人是自满情绪，也就是说，技术安全的最大敌人是没有问题意识。

3. 现场出现的问题点

1）品质方面常见的问题点：不良率、客户投诉、品质异常等。

2）成本方面的问题：人员、效率、经费、设备移动率、工时等。

3）产量方面的问题：库存、产量、交货期、达成率等。

4）管理方面的问题：士气提高、安全管理、现场美化等。

4. 问题意识的态度

1）问题已经发生了，才慌慌张张地想解决。

2）对问题、问题的萌芽视而不见。

3）多一事不如少一事，希望成员也没有问题意识。

4）只重视结果，忽视其过程中发生的问题。

5）不去发现看不见的问题。

6）不深入思考发生问题的原因，把责任推到成员、公司身上。

7）对自己车间、班组的状况不抱有期望。

三、改善成功的五种状态

1. 好

如品质的改善、产品质量的提高、设备故障的降低、容器的标准化、标牌的标准化、库存数目一目了然等。

2. 轻松

如工作疲劳的减轻、人际关系的改善、环境的美化、小组气氛的改变等。

3. 快乐

如作业效率化提高、交货期缩短、点检周期缩短、清扫时间加快等。

4. 安全

如减少物品的不安全状态、纠正人的不安全行为、消除管理的不确定因素、减少休业灾害和不休业灾害、增强安全感等。

5. 便宜

如经费的节省、成本的降低等。

四、改善的四大原则

可用5W1H分析法依照下面的问题依次作有系统的询问，检讨有关事实的全部。5W1H分析表见表7-1。

表7-1　5W1H分析表

为什么做？（Why）	为何这样做？	是否有必要做？	为什么应该做？
做什么？（What）	为什么做？	可否做其他？	应该做什么？
在哪里做？（Where）	为何要在此处做？	可否在他处做？	应该在何处做？
何时做？（When）	为何在此时做？	可否在他时做？	应该何时做？
何人做？（Who）	为何由该人做？	可否由他人做？	应该谁做？
怎么做？（How）	为何要这样做？	可否用其他办法做？	应该怎样做？

1. 改善的四大原则

对5W1H分析所得的信息加以汇总并详细检讨，从中可以得到各种改善的构思。改善的方法可用下列四大原则依次进行。

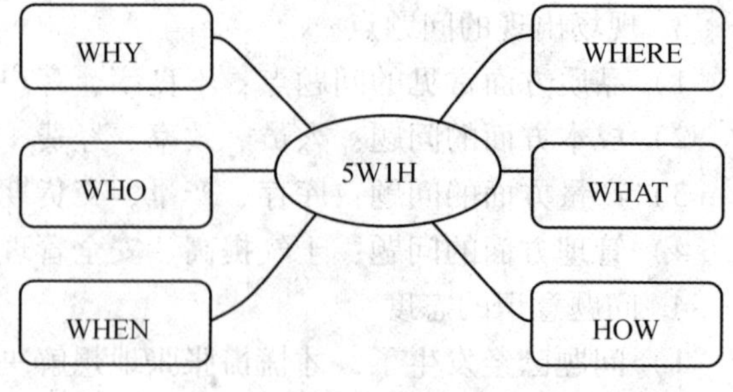

（1）剔除　凡对“做什么”、“如何做”以及“是否必须做”等问题，不能有合理的答复者，就可判断为不必要的动作，可以剔除。剔除不必要的动作可以获得最佳效果，是改善的最高原则。

（2）合并　凡确认无法剔除而属于必要的动作，则考虑予以合并，以节省工作时间和手续。

（3）排列　经过剔除、合并等过程后，余留的必要动作可经“何人，何处，何时”三次提问加以重新排列，使其能获得最佳的顺序，也就是除去往返的重复，使工作程序简单，办事有序。

（4）简化　如果某项动作必须要做，则设法用更简便的方法及更简单的设备去做，以节省人力时间及设备。

2. 改善四大原则的应用

1）设法剔除不必要的动作。

2）将某些动作合并，以减少处理的手续。

3）将工作台、设备以及储存、运输等区域的布置重新调整，以节省搬运的距离。变更操作或检验的顺序，以避免工作的繁琐与重复。

使用较简单的设备、工具替代复杂昂贵的设备、工具。改用简单且省力的动作替代繁琐且吃力的动作，使工作进行得更加经济有效。

【任务实施】

一、现场改善方法（决策）

通过此次课堂教学，使学生熟悉素养的定义内涵及实施现场改善的方法，了解生产现场优化管理，掌握生产车间概况的基本信息，分析所收集的现场管理信息，能够制订生产现场改善方案。

1. 学习方法

（1）现场改善问题意识　树立每天在现场观察几个小时的思想，经过思考过后再回到现场，不断反复就可以看出什么地方出现了问题、什么地方需要改善。经常到现场走走，用自己的眼睛找出问题点。

“三现”手法就是亲临现场、查看现物、把握现实，找出问题的真正根源，从而根据原则找到解决问题的手段和方法。仔细观察现场的现物、现实、发现问题，并以此作为改善的着眼点，追根溯源、“打破沙锅问到底”。

（2）现场改善方案的制定　将发现的问题，整理归纳，形成方案。

2. 改善过程的三现手法

怎样才能把5S彻底地推行下去呢？怎样可以改善现场？采用三现手法效果比较好。

现场：事情发生的场所。

现物：变化的或有问题的实物。

现实：发生问题的环境、背景、要素。

原理：被普遍认同的、能说明大多数事情的根本道理。

原则：可以认为是基础知识或专业技术。

管理人员必须要知道现场中的第一手情况，身临其境在现场观察事情的进展，用眼睛注意看有什么事情发生。现场是所有信息的来源，在现场能看到必需品是否正确地陈列、产品是否全部合格、员工的精神状态如何。往上看看天花板，往下看看地面是否有任何异常现象。直接从现场得到的信息才是最可靠的，因为你所看到的、所感觉到的就是原始的第一手资料。

日本的石川馨博士是日本质量管理的先驱之一，他常说："当你看到资料时，要怀疑它！当你看到测量数据时，要怀疑它！"他知道公司内所搜集的资料会因仪器设计的关系而使记录不正确，即使在最佳的情况下，测量的数据也仅是二手资源，有时不能反映实际的情况。

现物是指有形的实体物品，如一部有故障的机器、一件不合格品、一件被毁损的工具等都可称为现物。我们应利用在现场详细检视现物的机会，重复地问"为什么"，这样就能够确认产生问题的原因。举例来说，假设生产出了一个不合格品，将其握在手中，你可以去接触、感觉、仔细地调查，然后再去看看生产的方式，便可能找出问题的原因。

改善是从问题认定开始。一旦认识清楚了，就已经成功了一半。管理人员的工作之一应当是经常注视行动的现场，而且依据现场和现物的状态来认定问题。

应用"现场、现物"原则和一般的现场常识可以迅速地解决许多问题。耐心地呆在出现问题的场所，观察现物，而且下定决心找出问题的真正原因。许多与现场有关的问题都可以即时地当场解决。

发掘现场原因的最有效方法之一就是持续地问"为什么"，直到找到问题的原因为止。此过程有时亦称为"问5次为什么"，因为问了5次为什么，就会有发掘问题原因的机会。

举例来说，假设你在机器之间的通道地面上差点滑倒。

问："为什么差点让我滑倒？"答："因为那里有油渍。"

问："为什么会有油渍？"答："因为机器在滴油。"

问："为什么机器会滴油？"答："因为油是从轴套里泄漏出来的。"

问："为什么轴套会漏油？"答："因为轴套内的橡胶油封磨损了。"

问："为什么轴套内的橡胶油封会磨损？"答："因为轴已经有严重的划痕"。

如此经常地利用问5次为什么的机会，就可以确认出现问题的原因以及可采取的对策。当然，正视问题的复杂程度，质疑"为什么"的次数可能多于或少于5次。

二、改善活动的步骤与内容（实施）

1. 课题选定理由

选择改善课题的主题，一定要选择自己身边的事情，从自身困扰的事情或工作现场找出课题或问题，然后根据自身实力对其做出评估，从而确定课题，并为有效地和高效率地解决课题的测试问题选择合适的改善步骤。

选择课题的主题要注意：最好不要由上级指定，最好是目前的主要问题，要让小组成员

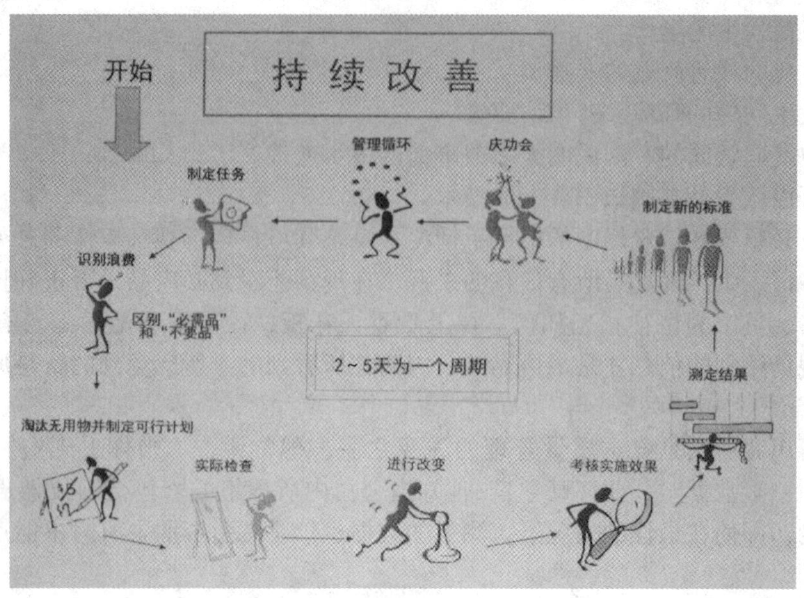

全员理解选题的理由，要利用图表把问题的严重程度表现出来。

2. 现状把握

针对选定的课题，从各个角度调查问题的真实状况，调查现状水准与期望值的差距，客观分析问题的重点所在，分析重点问题的进攻方向，决定“攻克点”，决定改善方向。对现状要运用“三现原则”进行现状把握，分清楚原因与现象的区别。

（1）现场　事情发生的场所“现场”就是说我们不要只坐在办公室决策，而是要立即赶到现场，奔赴第一线。来到现场如何观察呢？现场是每天都在变化的，不能僵化地执行三现原则，要采用正确的观察方法，才能感觉出它的变化以及异常。

（2）现物　变化的或有问题的实物管理的最重要的概念是“总是以事实为基础而行动”，解决问题的根本是要找到事实真相。最通用的方法是“到问题中去，并客观地观察其过程”。

尽可能认真观察那些平时看不到的地方，越是认真，事实的真相就会出现。要发现其变化的原因，仔细观察变化的过程。如管理者能够这样做，隐藏的问题原因就会出现，这样做还可以提高发现事物真相的能力。

（3）现实　发生问题的环境、背景、要素。

解决问题需要面对现实、把握事实真相。我们需要用事实来说话从而解决问题，而事实总是变化的，要抓住事实真相就要识别变化。想像与实际总是有很大的差距。

很多问题如果不亲临现场、不调查事实和背景原因，就不能正确地认识。为什么会发生那样的问题呢？我们要多问几次“为什么”，对“现物”、“现实”进行确认。

3. 目标

根据问题的重点和“攻克点”，决定想要达到的期望目标或想要改善的程度。

目标的设定要与小组的理想相结合，目标设计要提出合理的依据，目标设定要得到大家的认可，目标要有挑战性、要有完成的期限。

4. 计划

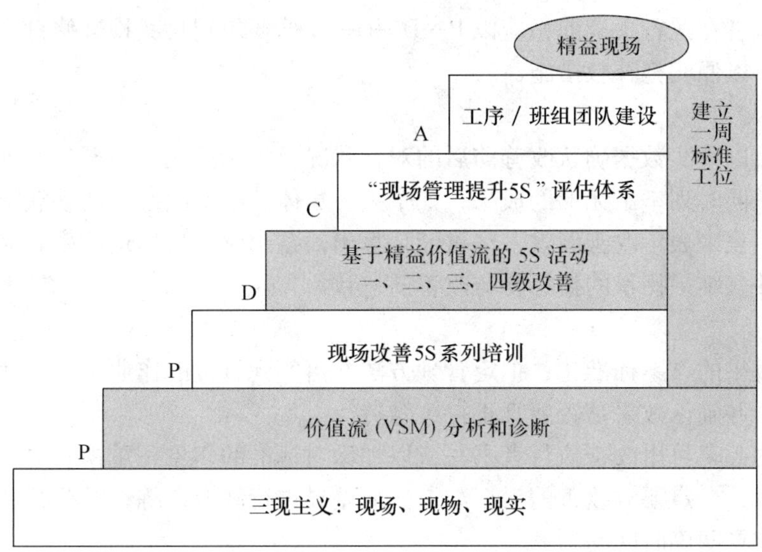

制定改善进度和任务分工等计划。

要依据PDCA［Play（计划）、Do（行动）、Check（确认，Action（采取措施））］及活动步骤制作活动计划。计划中每项具体的工作都有责任人。活动计划要取得上级领导的认可。

5. 要因分析

以问题的重点为焦点分析所有可能产生问题的因素，并从中选出重要的因素，通过事实或数据的检验，以5W1H的方法找出问题的根本原因。

6. 完成改善方案

以“攻克点”为焦点，研究拟定多种可能完成目标的方案，并对所期待的效果性、实现性、经济性作出评估，选出期待效果较好的方案。就是要完全配合现状与分析的结果，以其重要原因展开工作改善方法。

拟定对策的初案最好由工作者自己提出，并集思广益地收集建议，归纳为有效可行的方法。对策一定要经过讨论后再决议。

7. 实施

对策决定后一定要交给工作者执行，并定期追踪了解执行情况，同时，工作者要随时收集并整理相关数据。

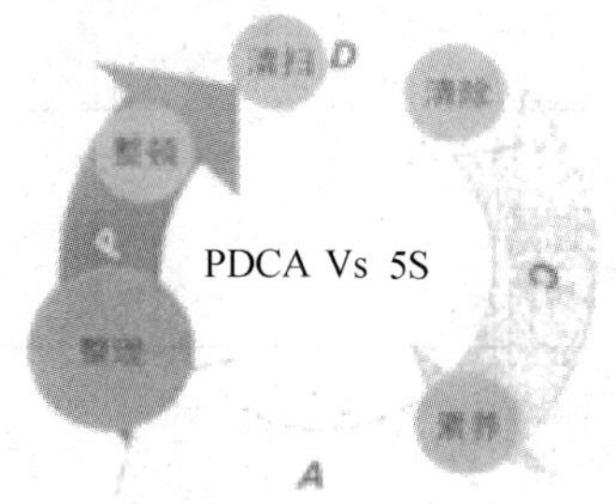

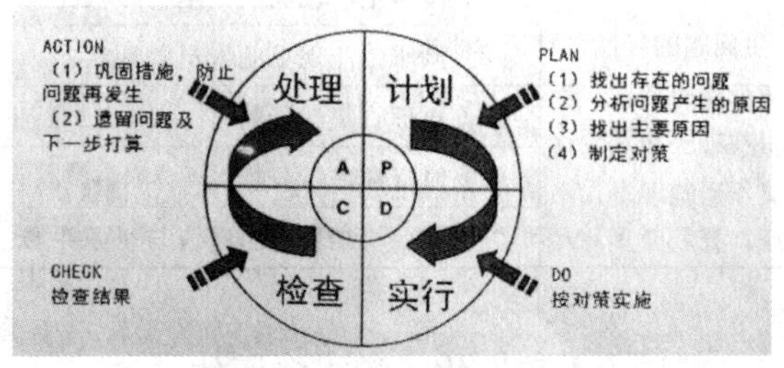

每一个工作者在执行决策前，应以P—D—C—A循环规划自我检查修订。执行者发现问题要及时反映，以便实施补救措施。

8. 结果确认

对策实施后以事实数据确认改善前后的对比状况及目标达成的情况，并列举出有形的直接成果和效益，同时列举出无形的成果，如个人、集体经过本次改善活动获得多少成长。

一定要用图表来表示改善绩效，尽可能计算出效益余额、目标达成率。无形效果也要强调重点叙述，并且结果衡量的指标要与改善前一致。

9. 标准化

将实施有效果的方案标准化，拟定管理方法并落实到日常的作业中去。使其不能再回到改善前的状态，并确认效果是否能真正持续维持。

作业标准的起草可由改善执行者书写，以加深对标准的印象和重视。

标准完成后，一定要对改善前后标准方法的差异进行教育训练，并执行新标准。

原标准一定要明确时间问题。

10. 残留问题点

在进行现场改善时会存在很多问题点，对于遗留的问题点我们应该采取积极的态度去对待它，及时找到合适的解决问题的方法。

三、现场改善实施（实施）

现场诊断的步骤及工作内容见表7-2。

表7-2　现场诊断活动时间表

现场诊断阶段	具体内容	具体时间
开始阶段	（1）组建发现问题小组	
	（2）确定现场管理需要达到的目标	
	（3）制定调查计划	
实施阶段	（1）调研生产现场的环境状况	
	（2）调研生产现场的操作是否规范	
	（3）调研生产现场的物料管理状况	
	（4）调研生产现场的产品质量管理状况	
	（5）调研生产现场的设备管理状况	
	（6）调研生产现场的现场改善状况	
	（7）调研生产现场的安全管理状况	
	（8）调研生产现场的人员管理状况	
收尾阶段	（1）整理收集的资料	
	（2）对资料进行分析	
	（3）就分析结果提出建议与意见并形成报告	

四、现场检查和评估（检查和评估）

1）对所考察调研的内容进行整理，分析进行检查并作出修改、完善，写出调研报告。

2）根据自己任务完成的情况进行自我评估，并提出改进意见。

3）小组对本组制作的现场改善报告进行陈述讲解，指导教师和该车间负责人共同对小组工作情况进行评估，并进行点评。

小结

1. 改善提案的定义。
2. 问题意识。
3. 改善成功的五种状态。
4. 改善的四大原则。

案例

现场改善的具体安例

改善活动可以针对某种特定内容开展。以下为在提高生产性、改善品质、降低生产成本、缩短生产周期、提高职工积极性方面列举的一些常见的问题。由于各个企业的情况不一样，所以，下面的内容没有数据化，仅是一个例题：

1）减少设备的故障。

2）缩短作业准备时间。

3）缩短机种切换时间。

4）减少过程内的不良率。

5）减少输入数据的差错。

6）市场修理返修率为零。

7）减少生产过程中零部件的损耗率。

8）降低库存。

9）人均提案 2 件以上/每月。

10）多能工率 80% 以上。

习题

一、填空

1. 改善提案是____________________的活动。
2. 问题意识的核心在于____________________。
3. 改善成功的五种状态分别是________、________、________、________、________。
4. 改善的四大原则是________、________、________、________。

二、简答题

1. 列出几个现场出现的常见问题。
2. 什么是三现手法？

参考文献

［1］ 唐苏亚．5S 活动推行与实施［M］．广州：广州经济出版社，2007.

［2］ 易发久，白沙．现场硬功夫［M］．北京：电子工业出版社，2009.

［3］ 陈建龙．生产现场优化管理［M］．上海：复旦大学出版社，2008.

［4］ 姚小风．生产现场精细化管理［M］．北京：人民邮电出版社，2009.

［5］ 姚小风．31 个生产现场管理流程［M］．北京：人民邮电出版社，2009.

［6］ 徐航，李国新．工厂 5S 管理实务［M］．北京：中国时代经济出版社，2008.

［7］ 易新．工厂管理（三）目视管理与 5S［M］．海口：海南出版社，2001.

［8］ 姚小风．工厂精细化管理［M］．北京：人民邮电出版社，2009.